COFFEE TOOLS
커피툴스

COFFEE TOOLS 커피툴스

초판 1쇄 발행 2016년 4월 15일
초판 2쇄 발행 2016년 9월 23일

지은이	박성규, 이사무엘
편집	한정윤
디자인	박예나
펴낸이	정갑수
펴낸곳	열린세상

출판등록	2004년 5월 10일 제300-2005-83호
주소	06691 서울시 서초구 방배천로 6길 27, 104호
전화	02-876-5789
팩스	02-876-5795
메일	open_science@naver.com

ISBN   978-89-92985-52-9 13590

*잘못 만들어진 책은 구입하신 곳에서 바꾸어 드립니다.
*값은 뒤표지에 있습니다.

열린세상은 열린과학 출판사의 실용·교양 브랜드입니다.

「이 도서의 국립중앙도서관 출판예정도서목록(CIP)은 서지정보유통지원시스템 홈페이지(http://seoji.nl.go.kr)와 국가자료공동목록시스템(http://www.nl.go.kr/kolisnet)에서 이용하실 수 있습니다.(CIP제어번호: CIP2016008479)」 all about coffee tools for you

당신이 알고 싶어 하는
커피도구에 관한 모든 것

COFFEE TOOLS

―― 커피툴스 ――

박성규
이사무엘
지음

프롤로그

커피에 눈 뜨게 된 건 우연히 마주친 아주 작은 카페에서 마신 아메리카노 한잔 덕분이었다. 그때까지 커피를 많이 마셔보지는 않았지만, 마셔본 커피 중 단연 최고였다. 그후로 자연스럽게 그 카페에 자주 들렀다. 워낙 작은 카페이다 보니 자연스레 주인과 얼굴을 익히고 단골이 되었다. 그리고 말동무삼아 이런저런 커피 이야기를 해준 주인 덕분에 이전에는 알지 못했던 커피라는 세계에 깊이 빠져들게 됐다. 카페에 들를 때마다 새로운 산지의 커피를 맛보았고, 핸드드립·더치커피·모카포트 등 다양한 도구로 내린 커피도 맛보게 되었다. 다양한 산지의 커피와 다양한 도구들을 접하며 이전에는 몰랐던 커피의 새로운 세계를 접하게 되었다.

가장 간단해 보이는 핸드드립으로 커피를 내렸을 때, 같은 원두로 내렸지만, 내린 사람에 따라 맛이 달랐다. 그때부터 커피는 산지와 종류, 로스팅 정도, 추출도구, 그리고 내리는 사람에 따라 맛이 달라진다는 것을 조금씩 체험하며 알게 되었다. 그전에는 막연하게나마 커피는 자격시험을 통과한 바리스타가 내리는 거라고 생각했다. 그러나 도구별로 몇 가지 중요한 포인트만 잘 익히면 바리스타 자격이 없어도 누구나 맛있는 커피를 내릴 수 있다는 걸 알게 되었다. 그리고 차츰 커피를 맛보면 맛이 어떤지, 무엇이 잘되었는지, 또 무엇이 문제인지 알게 되었다. 커피맛에 대한 평가와 문제점들을 알 수 있다는 것은 엄청난 진보였다. 그 과정은 어렵지 않았고 오히려 즐거운 시간이었다.

시간이 흘러 커피프로젝트라는 카페를 운영하면서 커피에 관심 있는 많은 분들에게 커피를 가르치게 되었는데, 내가 경험한 것처럼 쉽게 커피를 배울 수 있다는 것을 알게 되었다. 그렇게 커피를 배운 분들은 집과 사무실, 심지어는 여행지에서도 커피를 즐기게 되었다. 열정적인 분들은 카페를 오픈하기도 하셨다. 전문 바리스타가 되기 위해 따로 공부를 한 적이 없는 그들의 한결같은 대답은 "커피, 어렵지 않네요!"였다.

맛있는 커피를 내린다는 것은 기술적으로 표현하면, 내가 좋아하는 맛의 원두와 그 특성에 따

prologue

라 적절한 도구를 선택하고 맛의 변수를 조절하여 내리는 것이다. 같은 원두라도 어떻게 내렸느냐, 어떤 도구를 사용했느냐에 따라 맛이 달라진다. 따라서 커피 라이프에 있어 도구는 원두에 버금가는 중요성을 지닌다. 이 책은 현재 전 세계적으로 각광받는 11가지 커피도구를 선정하여 도구의 역사와 재미있는 에피소드, 사용팁, 구입과 관리는 물론 도구 개발자와 전문가의 인터뷰, 실제 사용하는 사람들의 평가를 담았다. 스스로 커피를 내릴 수 있게 돕고, 같은 도구와 원두라도 나에게 더 좋은 맛의 커피를 내릴 수 있도록 안내하는 것이 이 책의 목적이다.

서점에 가면 놀라울 정도로 많은 커피 책이 있다. 찬찬히 들여다보면 다양한 방식으로 커피의 A부터 Z까지 다룬 좋은 책들이 많다. 그에 비하면 커피도구만 다룬 이 책은 조금 부족해 보일 수도 있을 것이다. 그럼에도 불구하고 많은 독자들이 이 책을 통해 커피도구에 대한 이해가 깊어지고, 자신이 원하는 맛의 커피를 내릴 수 있게 된다면 충분히 제 역할을 다한 거라 생각한다. 부디 이 책을 통해 즐거운 커피 라이프를 즐길 수 있게 되기를 바란다.

2016년 3월 박성규, 이사무엘

차례

모카포트 · 8
  COFFEE LAB #1 로스팅 · 24

에스프로프레스 · 26
  COFFEE LAB #2 원두의 분쇄도 · 42

에어로프레스 · 44
  인터뷰 | 에어로프레스 개발자 알렌 아들러 · 59
  COFFEE LAB #3 물 온도 · 61

핸드드립 · 62
  인터뷰 | SCAJ 인증 마스터 쿠라나가 준이치 · 81
  COFFEE LAB #4 필터의 재질 · 83

케맥스 · 84
  COFFEE LAB #5 원두의 보관 · 100

융드립 · 102
  인터뷰 | SCAJ 인증 마스터 오카야스 카즈키 · 115
  COFFEE LAB #6 커피의 98%는 물! 어떤 물을 쓸 것인가? · 117

contents

베트남 카페핀 · 118
COFFEE LAB #7 커피 고수되기 · 133

더치커피 · 134
COFFEE LAB #8 커피 등급 · 150

사이폰 · 152
인터뷰 | 세계 사이폰 챔피언십 준우승자 나카야마 요시노부 · 174
COFFEE LAB #9 원두 작명법 · 176

ROK 에스프레소 메이커 · 178
COFFEE LAB #10 커피 프로세싱 · 192

이브릭 · 194
COFFEE LAB #11 새로운 원두 · 210

도구종합평가 · 211

MOKAPOT 모카포트

"집에서 커피 마시려면 다들 이거 사더라?"
이제 막 홈카페를 시작하려는 K씨. 어떤 카페에 인테리어용으로 놓은 모카포트를 보고 대뜸 묻는다. 모카포트, 비록 카페에서는 인테리어용으로 전락해버렸지만 여전히 '홈카페의 대표주자'라고 할 수 있다. 홈카페에 대해 잘 모르는 사람도 곧잘 알아보는 모카포트. 이제부터 익숙한 듯 낯설고 낯선 듯 익숙한 이 녀석에 대해서 알아보자!

품명 비알레띠 모카 익스프레스 1인용

재질 알루미늄, 고무제

크기(가로×세로×높이)
165×65×130mm

바스켓 지름 46mm

모카포트의 구성 COMPONENTS

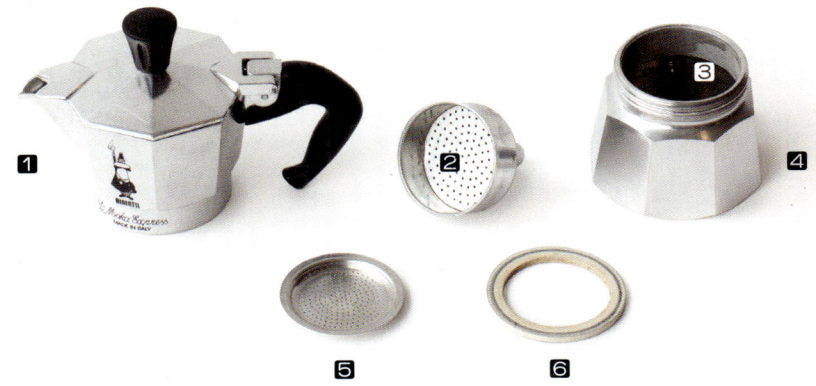

1 **컨테이너** | 추출 시 커피가 나오는 모카포트의 상단 부분
2 **커피바스켓** | 보일러에 장착시키는 커피가루를 담는 부분
3 **압력밸브** | 일정 수준의 압력을 넘지 않도록 제어하는 역할을 함.
4 **보일러** | 물을 넣는 모카포트 하단 부분
5 **필터 플레이트** | 커피가루를 걸러주는 철제 필터
6 **가스켓** | 필터 플레이트를 고정시키고 물이나 가스가 모카포트 밖으로 새지 않게 하는 고무 가스켓

모카포트의 역사 HISTORY

1918년 이탈리아 북부 피에몬테의 작은 도시 오메냐에서 알루미늄 공장을 운영하던 알폰소 비알레띠Alfonso Bialetti는 공장 근처의 여자들이 사용하던 전통 세탁기 리시부즈liciveuse를 보고 커피도구에 접목시킬 생각을 한다. 리시부즈는 증기압을 이용해 보일러 바닥의 비눗물을 중앙 파이프로 끌어올려서 뿌리는 방식이었다. 1933년 비알레띠는 드디어 '모카 익스프레스'라는 커피도구를 출시한다. 이후 '모카 익스프레스'는 실용성과 저렴한 가격으로 이탈리아 가정의 90%까지 보급될 정도로 에스프레소의 대중화에 크게 기여했다.

모카포트 스토리 TOOL STORY

홈카페의 대표 도구

모카포트가 발명되기 전까지만 해도 커피는 카페에서 사교모임을 하는 남성들의 음료였다. 그러나 모카포트가 보급되면서 집에서 커피를 즐기는 홈카페 문화가 여성들을 중심으로 시작되었다. 모카포트는 핸드드립처럼 큰 기술이 필요 없다는 점에서 홈카페를 시작하려는 사람들이 가장 먼저 찾는 도구이기도 하다. 에어로프레스Aeropress가 출시되면서 그 자리를 위협받고 있지만 여전히 처음 홈카페를 시작하는 사람들에게는 매력적인 도구이다.

전쟁도 막지 못한 커피 한잔의 여유

2차 세계대전에서 패배한 건 식문화 때문이었다는 말이 있을 정도로 이탈리아군의 화려한 식사는 유명하다. 영국 종군기자 엘런 무어헤드Alan Moorehead의 「아프리카 종군기 3부작」을 보면 놀랍게도 이는 과장 없는 사실이라고 할 수 있다. 엘런은 자신이 취재하게 된 '나침판 작전'에서 단 3만 명의 영국군이 무려 13만 명의 이탈리아군을 괴멸시키는 대승 속에서 충격적인 장면과 마주한다. 이탈리아군의 막사에서 각종 파스타 면과 건조 압축된 채소, 파마산 치즈, 와인 등을 쉽게 발견할 수 있었던 것이다. 심지어 병사들은 각자 소지하고 있던 개인용 모카포트로 만든 에스프레소 한잔으로 그들의 식사를 마무리했다고 한다. 전쟁도 이탈리아인의 커피 한잔의 여유를 막지 못했던 것이다.

크레마를 찾아서

커피전문점에서 사용하는 에스프레소 머신은 보통 9기압의 높은 압력으로 에스프레소를 추출하기 때문에 신선한 에스프레소의 기준이 되는 황금색 거품, 크레마가 추출된다. 그러나 모카포트는 1~2기압 정도의 낮은 압력으로 에스프레소를 추출하기 때문에 크레마를 보기 어렵다. 그래서 크레마를 중요하게 여기는 사람들에게 모카포트는 그다지 매력적인 도구가 아니었다. 크레마를 중시 여기는 사람들을 위해 비알레띠 사에서는 기존의 모카포트에 압력추를 추가하여 4기압의 압력으로 에스프레소를 추출하는 '브리카'라는 제품을 출시한다. 이로써 완벽하진 않지만 집에서 쉽게 즐기는 에스프레소로는 손색없다는 평을 받으면서 크레마 논쟁의 종지부를 찍었다.

에스프레소 한잔 더~

비알레띠의 모카포트에는 손가락 하나를 높이 치켜 올린 콧수염 신사가 그려져 있다. 1958년 알폰소 비알레띠의 아들 레나토 비알레띠Renato Bialetti가 알폰소 비알레띠를 그린 캐리커처이다. 손가락 하나를 높이 치켜 올린 포즈는 에스프레소를 한잔 더 달라고 하는 의미로 이 캐리커처를 활용한 TV광고가 히트하면서 매출도 크게 올랐다.

모카포트 속에 잠든 남자

2016년 3월 11일 이탈리아의 한 성당에서 특이한 장례 미사가 거행되었다. 유족들은 커다란 모카포트 앞에서 슬픔을 감추지 못했다. 관이 아닌 모카포트 앞에서 말이다. 이 특수 제작된 모카포트는 93세를 일기로 세상을 떠난 레나토 비알레띠의 유골함이다. 비알레띠 인더스트리의 회장인 레나토 비알레띠는 모카포트를 만든 알폰소 비알레띠의 아들이자 모카포트 사업을 전 세계로 확장한 장본인이다. 모카포트를 유골함으로 사용한 것은 비알레띠의 유언에 따른 것이라고 한다. 이탈리아를 넘어 전 세계로 모카포트를 알린 한 남자의 모카포트 사랑이 엿보인다.

사용 전에 알아야 할 것들 NOTICES

커피폭탄

인터넷에서 모카포트 사용 후기를 보면 간혹 모카포트가 터졌다거나 커피가 다 타버렸다며 괴로움을 토로하는 사람들을 볼 수 있다. 에스프레소는 높은 압력에서 추출되기 때문에 이 압력을 적절히 다루지 못하면 이런 폭탄을 맞게 된다. 하지만 긴장하지 말자. 다음 4가지만 기억하면 이런 실수에서 벗어날 수 있다.

1. 보일러와 컨테이너의 올바른 결합
2. 적절한 원두량
3. 모카포트 바닥 크기 정도의 적절한 세기의 불
4. 커피가 나올 때까지 모카포트를 주시하는 끈기

워밍업

모카포트는 금속 재질로 되어 있기 때문에 금속 가루나 기름 등이 묻어 있을 수 있다. 따라서 모카포트를 구입한 후 사용하기 전에 간단히 세척하고 잘 말리자. 그리고 본격적인 사용 전에, 오래된 원두를 이용해서 2~3회 정도 시험 추출을 해주자. 일반적인 모카포트 사용법에 따라서 추출하되 마시지는 말자.

Must have item 원형걸쇠

모카포트를 구입하는 대부분의 사람들이 하는 실수. 바로 원형걸쇠(삼발이)를 구입하지 않는 것이다. 대부분의 모카포트는 우리가 사용하는 가스레인지 석쇠의 크기에 맞지 않아 그대로 사용하면 모카포트가 홀랑 타버리는 일이 생긴다. 따라서 홈카페를 위해 모카포트를 구입한다면 원형걸쇠도 함께 구입하는 게 좋다. 커피 관련 인터넷 쇼핑몰이나 백화점, 대형마트 주방용품 코너에서 구입할 수 있다. 간혹 주방용품 코너에서 구할 수 없는 경우도 있으니 커피용품 전문 인터넷 쇼핑몰에서 구입하는 걸 추천한다.

다시 쓰는 모카포트 사용법 INSTRUCTION

준비물

모카포트, 원형걸쇠(삼발이), 가스레인지(알코올램프), 물(1인용 약 75ml, 2인용 약 110ml), 스푼, 커피가루(모카포트용 굵기: 에스프레소 머신용보다 조금 굵은 정도 / 1인용 약 7g, 2인용 약 12g)

1 컨테이너와 보일러를 분리한 후 보일러의 압력 밸브까지 물을 채운다. 뜨거운 물을 사용하면 추출 시간을 단축할 수 있다. 뜨거운 물을 사용할 때는 보일러 부분이 뜨거워지므로 장갑이나 수건을 이용해 보일러를 잡는다.

2 커피바스켓에 분쇄한 커피가루를 담고 보일러에 장착시킨다. 이때 탬핑을 하면 추출이 잘되지 않을 수 있으니 주의하자. 커피가루는 바스켓 높이에 맞게 평평하게 수평을 맞춘다.

❸ 커피바스켓과 보일러 입구 부분에 커피가 루가 남아 있지 않도록 제거한 뒤 보일러와 컨테이너를 단단하게 결합시킨다. 손잡이를 잡고 돌려 잠그면 손잡이가 파손될 가능성이 있으니 주의하자.

❹ 가스레인지(알코올램프) 위에 원형걸쇠(삼 발이)를 놓고 그 위에 뚜껑을 열어놓은 상태 로 모카포트를 놓는다. 가스레인지의 불꽃이 모카포트 바닥을 넘어서지 않을 정도로 조절 해준다.

❺ 커피가 컨테이너 중간 정도까지 추출되었 을 때 불을 꺼 탄맛이 과하게 나지 않게 한다. 불을 끄면서 뚜껑을 닫아 추출 마지막에 커피 가 사방으로 튀는 걸 예방한다. 불을 꺼도 이미 뜨거워진 온도로 추출은 끝까지 지속된다.

❻ 추출된 에스프레소를 스푼으로 저어 원 액 상하층의 맛이 골고루 섞이도록 해준 후, 기호에 따라 그대로 마시거나 물, 우유, 아이 스크림 등에 넣어서 마신다.

사용팁 TIPS

불 끄는 타이밍 = 나만의 맛

모카포트로 에스프레소를 추출하면 처음에는 진한 향기와 자극적인 산미나 강한 바디감이, 중간에는 균형감 있는 산미와 쓴맛과 적당한 바디감, 마지막에는 강한 쓴맛이 나온다. 즉, 불을 끄는 타이밍에 따라 다른 맛의 에스프레소를 맛볼 수 있다.

주로 에스프레소가 중간 정도 추출되고 있을 때 불 끄는 것을 최적의 타이밍으로 꼽지만, 커피는 기호식품이기 때문에 이때 불을 끄는 것이 무조건 좋다고는 할 수 없다. 자신의 취향에 맞는 불 끄는 타이밍을 찾아보면서 나만의 레시피를 만들어보자.

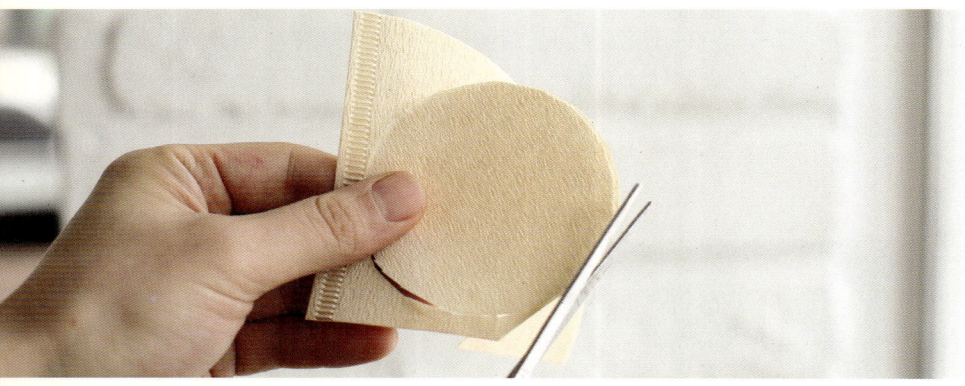

종이 필터로 보다 깔끔한 맛을

종이 필터를 커피바스켓과 컨테이너 사이에 장착하면 미분과 커피오일을 걸러 더욱 깔끔한 맛을 즐길 수 있다. 칼리타에서 제조한 모카포트용 종이 필터를 구입하거나, 커피바스켓의 지름을 잰 후 핸드드립용 종이 필터를 오려서 사용해도 된다.

구입과 관리 BUY/MAINTENANCE

1 구입

[모카포트]

알루미늄 재질은 2만 원대(1인용), 스테인리스 재질은 4만 원대(1인용), 도자기 재질은 10만 원대(2인용)부터 구입이 가능하다.

[소모품]

제조사, 사이즈, 재질에 따라 가격에 다소 차이가 있다.

커피바스켓 약 4천 원~1만5천 원

필터 플레이트 약 2천 원~9천 원

손잡이 약 3천 원~9천 원

가스켓 약 2천 원~9천 원

원형걸쇠(삼발이) 약 2천5백 원~6천 원

모카포트용 종이 필터 약 4천 원~5천 원

2 관리

1. 알루미늄이든 스테인리스든 정도의 차이는 있겠지만 녹이 생길 수 있는 재질이기 때문에 모카포트 관리의 생명은 물기를 얼마나 잘 말리느냐에 달려 있다. 컨테이너와 보일러를 결합해서 보관하지 말라는 말도 있지만, 보통은 결합해서 보관하는 것을 선호하기 때문에 마른 수건이나 키친 타올로 물기를 완벽히 제거한 후 결합해 보관하자. 또한 도자기 모카포트는 깨지지 않도록 특별히 주의를 기울여야 한다.
2. 알루미늄 재질의 모카포트는 부식되면 백화현상이 일어나 하얀 반점이 생긴다. 이 상태가 되면 알루미늄 녹이 계속 나온다. 한 번 백화현상이 시작되면 막을 방법이 없기 때문에 과감하게 버려야 한다. 스테인리스 재질의 모카포트는 녹이 생기면 베이킹소다와 철수세미로 빡빡 닦아주면 금세 새것처럼 반짝인다.

[세척]
1. 가열된 모카포트가 완전히 식을 때까지 기다린다.
2. 모카포트의 컨테이너와 보일러를 분리한다.
3. 커피바스켓에 있는 커피 찌꺼기를 제거한다. 이때 바스켓의 하단 주둥이 부분을 '후'하고 입으로 불어주면 쉽게 제거할 수 있다.
4. 따뜻한 물과 부드러운 수세미로 모카포트를 씻어준다. (세제, 식기세척기 No!)
5. 가끔 컨테이너 하단에 부착되어 있는 가스켓과 필터 플레이트를 포크나 젓가락을 이용해 분리한 뒤 세척한다. 너무 자주 분리하면 가스켓이 늘어나서 오히려 가스켓의 수명을 단축시켜버리니 조심하자.
6. 완벽하게 마를 때까지 건조시킨다.

스태프 평가 STAFF'S EVALUATION

모카포트를 사용해서 커피를 만드는 커피프로젝트 스태프 5명에게 도구에 대해 물어보았다.

사용 편의성
■■■□□ 3.2   분쇄도와 커피양만 조절할 줄 알면 실패할 일이 없다.

세척 관리
■■■□□ 2.6   커피를 마시려면 제품을 다 분해해야 하고, 다 마신 뒤에도 세척하고 잘 닦아서 말려줘야 하는 게 여간 귀찮은 일이 아니다.

재미 흥미
■■■■□ 3.7   커피 내리는 위치를 가스레인지에서 테이블로 가져만 올 수 있다면 좀 귀찮아도 즐거운 시간이 된다.

경제성
■■■■■ 4.3   집에서 가장 저렴하게 에스프레소를 즐길 수 있는 방법이다.

디자인
■■■■■ 4.5   작은 것은 작은 것대로 큰 것은 큰 것대로 디자인적 매력이 있다.

추천 레시피 RECOMMEND RECIPE

아메리카노
모카포트로 뽑은 에스프레소는 에스프레소 머신에서 뽑은 에스프레소에 비해 상대적으로 맛이 옅기 때문에 아메리카노로 마시기에 가장 알맞다.

COFFEE LAB #1

로스팅

커피 생두를 보통 커피콩(커피빈, coffee bean)이라고 한다. 커피콩은 어떻게 볶느냐에 따라 맛이 달라진다. 커피콩을 볶는 과정을 '생두를 로스팅한다' 혹은 일본식으로 '배전한다'고 표현한다. 생두를 볶으면 다양한 화학적·물리적 반응이 일어난다. 볶는 방식도 직접 열을 가하는 방식과 뜨거운 공기로 열을 가하는 방식, 이 두 가지를 혼합하는 방식 등이 있다. 숯에 구운 고기 맛과 오븐에 구운 고기 맛이 다른 것처럼, 열원이 가스냐 할로겐이냐에 따라서도 맛이 많이 바뀐다.

로스터는 이러한 과정을 이해하고 각 생두의 특성을 파악해 가장 좋은 맛을 낼 수 있는 로스팅 정도를 찾아낸다. 이렇게 로스팅 정도를 찾아내는 것을 '로스팅 포인트를 잡는다'고 한다. 어떤 생두는 약하게 볶는 것이 좋고, 어떤 생두는 강하게 볶는 것이 좋은 맛을 낸다. 같은 생두라도 강하게 로스팅한 것을 좋아하는 사람이 있고, 약하게 로스팅한 것을 좋아하는 사람이 있다. 이렇게 정답이 없기 때문에 많은 사람들이 커피가 어렵다고 이야기한다.

모든 사람을 만족시킬 수 없기에 로스터는 자신만의 로스팅 철학이 필요하다. 로스팅에 절댓값은 없고, 로스터가 추구하는 맛의 스타일에 따라 로스팅 포인트가 결정된다. 따라서 같은 생두라도 로스터에 따라 다른 맛의 원두가 만들어진다. A라는 카페의 케냐AA와 B라는 카페의 케냐AA가 다를 수밖에 없는 이유가 여기에 있다.

생두를 로스팅할 때 로스팅 정도에 따라 일반적인 경향이 나타난다. 약하게 볶으면 커피의 개성이 잘 드러나고 대체로 신맛이 두드러진다. 중간 정도의 로스팅에서는 커피의 향과 바디감이 강조되고, 강하게 볶으면 대체로 씁쓸한 맛과 단맛이 강해지고 나머지 특징들은 약해진다. 어느 정도로 로스팅할 것인지는 로스터의 선택이다. 그래서 나와 취향이 비슷한 로스터를 만나면 대체로 자기에게 잘 맞는 원두를 만날 수 있다. 원두 구매 시 약한 로스팅은 커피의 개성과 산미, 중간 로스팅은 균형, 강한 로스팅은 쓴맛과 단맛을 기대할 수 있다. 요즘 유행하는 스페셜티 커피는 커피의 특징이 잘 살고, 산미가 좋은 약한 로스팅을 추구하는 경우가 많다.

© photo by kris krüg

ESPROPRESS 에스프로프레스

"나 이거 본 적 있어. 차 우리는 도구지? 우유 거품 낼 때 쓰는 건가?"

프렌치프레스French Press. 본 적도 있고, 왠지 익숙하고, 사용법도 어려워 보이지는 않지만, 정작 사용해 본 사람은 많지 않다. 커피의 가장 본래의 맛을 보게 해준다는 프렌치프레스는 진화를 거듭해 에스프로프레스까지 왔다. 최신 프렌치프레스인 에스프로프레스의 매력에 빠져보자.

품명 에스프로프레스

재질

1 몸체 / 스테인리스

2 필터 / 폴리프로필렌, 폴리아크릴로 니트릴, 실리콘

크기(지름×몸통×전체)

1 스몰(8oz)/ 75×180×200mm

2 미디움(18oz)/ 90×210×230mm

3 라지(32oz)/ 105×230×250mm

제조 ESPRO INC(캐나다)

에스프로프레스의 구성 COMPONENTS

1 몸체 | 커피가루와 물을 담는 금속 용기
2 누름 손잡이 | 커피 추출 시 손으로 눌러주는 부분
3 손잡이 나사 | 상단 필터 중앙의 나사 부분과 눌러주는 손잡이를 연결해주는 부분. 나사의 암수처럼 돌려서 연결한다.
4 오링 O-ring | 상단 필터와 하단 필터를 부드럽게 연결해주는 역할을 한다.
5 하단 필터 | 특허받은 이중 필터. 보통 필터의 9~12배의 미세한 필터 구조로 커피가루를 거르는 역할을 한다.
6 상단 필터 | 특허받은 이중 필터. 일반 프렌치프레스 필터보다 9~12배의 미세한 필터 구조로 커피가루를 거르는 역할을 한다.
7 립씰 | 필터를 누를 때 부드럽게 내려갈 수 있게 하는 고무씰로 필터의 가장자리에 위치한다.

에스프로프레스의 역사 HISTORY

© photo by Kris Atomic

기록상으로는 1852년 프랑스의 마이어Mayer와 델포지Delforge가 금속판에 천을 덧대 만든 필터의 프렌치프레스French Press를 처음 고안했다고 나온다. 그러나 당시의 기술력으로는 필터가 포트의 내부에 완벽히 들어맞을 수 없었다. 1929년 이탈리아의 디자이너 아틸리오 칼미마니Atillio Calimani가 필터 가장자리에 고무씰을 부착해 이 문제를 해결한 후 특허 등록을 하면서 프랑스인이 발명한 커피도구의 특허권이 이탈리아인에게 부여되는 아이러니가 생긴다. 이후 프렌치프레스는 1935년 이탈리아의 브루노 카솔Bruno Cassol, 1958년 펠리에로 보나니니Faliero Bondanin에 의해 개량되었고, 다시 프랑스에서 유행하게 되었다. 이때 프랑스의 회사 보덤에 의해 대중화되고 전 세계적으로 퍼지면서 프랑스의 커피도구, 프렌치프레스라고 불리게 되었다. 그후, 2004년 캐나다의 브루스 콘스탄틴Bruce Constantine과 크리스 맥크레인Chris Mclean이 만든 가장 진보된 형태의 프렌치프레스인 에스프로프레스Espro Press가 출시되었다. 에스프로프레스는 스테인리스 더블 월Stainless Double wall과 이중 마이크로 필터Micro-filter를 통해 보다 풍부하고 깔끔한 맛을 오래 지속할 수 있다는 장점으로 1900년대의 프렌치프레스의 인기를 재현하고 있다. 최근에는 크라우드 펀딩 서비스업체 킥스타터를 통해 에스프로프레스의 휴대용 버전인 에스프로 트래블 프레스 Espro Travel Press를 출시했다.

에스프로프레스 스토리 TOOL STORY

스타벅스 CEO가 사랑한 커피도구

스타벅스의 CEO인 하워드 슐츠Howard Schultz는 한 인터뷰에서 가장 좋아하는 커피가 무엇이냐는 기자의 질문에 '프렌치프레스로 만든 커피'라고 답하면서 프렌치프레스를 가리켜 "인류에게 알려진 최상의 커피"라고 극찬했다. 실제로 그는 매일 새벽 산책 후 보덤 사에서 만든 프렌치프레스로 내린 커피를 마신다고 알려졌다. 이러한 CEO의 취향이 반영되어서인지 스타벅스 매장에서는 손쉽게 보덤 사의 프렌치프레스를 MD상품으로 구매할 수 있다.

• **하워드 슐츠의 레시피 |** 수마트라 커피가루를 한잔 당 정확히 2스푼 넣고, 막 끓기 시작하는 물을 프렌치프레스에 붓는다. 커피가루와 물이 제대로 섞일 수 있도록 잘 젓고 3-4분이 지나면 필터를 내려준 후 추출한다.

© photo by Bryan Mills

간단하지만 훌륭한 맛

프렌치프레스는 핸드드립과 달리 큰 기술이 필요 없는 가장 쉽고 간단한 커피도구라고 할 수 있다. 그저 커피가루를 담고 물을 부은 다음 일정 시간이 지나면 필터를 내려 커피가루를 걸러내는 것만으로도 훌륭한 커피가 완성되기 때문이다. 또한 종이 필터를 사용하는 핸드드립에 비해 철제 필터로 커피가루를 걸러내기 때문에 커피에서 추출되는 거의 모든 성분을 그대로 맛볼 수 있어서 보다 풍부한 맛의 커피를 즐길 수 있다. 실제로 2013 월드브루어스컵 대회(에스프레소 머신을 제외한 커피 추출법으로 우승자를 가리는 대회)에서 정인성 바리스타가 에스프로프레스를 이용하여 준우승을 차지했다. 프렌치프레스는 원두의 맛을 잘 살려주기 때문에 좋은 원두를 사용할수록 커피 맛이 살아나는 게 특징이다. 좋은 원두를 선물 받는다면 에스프로프레스로 추출해 마실 것을 적극 권장한다.

메이드 인 캐나다
에스프로프레스가 일반적인 프렌치프레스보다 비싼 이유는 높은 보온력과 좋은 필터를 사용하기 때문만은 아니다. 보통 프렌치프레스는 디자인이나 설계를 자국에서 하고 난 후 중국 등지에서 주문자 상표 부착품OEM으로 생산하여 원가 절감을 하기 마련이다. 하지만 에스프로프레스는 디자인부터 제작까지 모든 공정이 캐나다에서 이루어진다. 이런 점이 좋은 재료와 신기술을 사용한 것에 더해져 더 비싼 가격이 형성된다고 볼 수 있다.

연쇄살인범을 위한 커피
미드 〈덱스터Dexter〉는 감각적인 오프닝 영상으로 유명하다. 오프닝 영상은 아이러니하게도 연쇄살인범을 잡는 연쇄살인범인 주인공 덱스터의 일상적인 아침 일과를 그리고 있는데, 식사를 마친 덱스터가 원두를 갈아서 프렌치프레스로 커피를 만드는 장면이 나온다. 이 오프닝 영상은 시즌8까지 사용됐다.

일석삼조

1. 티 메이커

　커피가루 대신 찻잎을 넣으면 좋은 티 메이커가 된다. 1티스푼의 찻잎당 250ml의 뜨거운 물을 넣고 1~2분 정도 기다린 후 필터를 내리면 맛있는 차를 마실 수 있다.

2. 우유 거품기

　데운 우유를 넣고 필터로 펌프질을 하면 고운 우유 거품을 만들 수 있다.

3. 침출식 더치커피제조기

　기존 레시피에 약 1.5배가량의 커피가루와 차가운 물을 넣고 한 번 저어준다. 12시간을 기다렸다가 한 번 더 저어준 후 2시간을 더 기다린다. 그후 필터를 내리고 따라내면 맛있는 침출식 더치커피를 맛볼 수 있다.

사용 전에 알아야 할 것들 NOTICES

필터 사이에 넣지 마세요

에스프로프레스 스몰 사이즈는 상단 필터와 하단 필터의 생김새가 미디움과 라지의 필터와 다르다. 상단 필터와 하단 필터를 분리해 보면 그 사이에 마치 커피가루를 넣기 위한 듯한 공간이 존재한다. 커피가루가 잘 필터링될 수 있도록 만든 곳이다. 그렇지만 처음 사용하는 사람은 이리저리 살펴보다가 이곳에 커피가루를 넣어서 커피를 내리는 경우가 가끔 있다. 이렇게 내리면 커피에 미분이 대량으로 추출되므로 마시기 힘들 정도의 불상사가 발생한다.

뚜껑은 여전히 뜨겁다

에스프로프레스는 스테인리스 더블 월 구조이고, 손잡이는 내부가 비어 있기 때문에 뜨거운 물을 넣어도 몸체와 손잡이로 열이 전도되지 않는다. 이를 알게 되면 에스프로프레스를 다룰 때 손에 화상을 입을 가능성을 전혀 생각하지 않은 채 사용하는 경우가 있다. 그러다가 무심코 만진 뚜껑에 손을 데이는 경우가 종종 있다. 뚜껑과 연결되어 있는 필터 연결대와 뚜껑은 열전도가 되는 재질이기 때문이다. 심한 화상을 입을 정도는 아니고 살짝 놀랄 정도로 가볍게 데이는 정도지만 아이들이 만질 우려도 있는 만큼 조심할 필요는 있다.

다시 쓰는 에스프로프레스 사용법 INSTRUCTION

준비물

에스프로프레스, 뜨거운 물(약 95도), 커피가루(분쇄 정도*:프렌치프레스용), 나무막대, 컵, 드립포트, 타이머

1 뜨거운 물로 에스프로프레스와 컵을 예열한다.

2 예열한 물을 버리고 에스프로프레스에 준비한 커피가루를 넣는다.

3 물 붓는 선에 맞춰 뜨거운 물을 천천히 넣는다. 물을 붓다 보면 선이 잘 안 보일 수 있으니 선을 잘 확인하면서 천천히 붓는 게 좋다. 스몰 사이즈는 별도의 물 붓는 선이 없으니 손잡이의 밑에서부터 3/4지점까지(약 300ml) 부으면 된다.

4 물과 커피가루가 골고루 섞이도록 나무막대로 살살 저어준다. 많이 저을수록 깊은 풍미를 느낄 수 있지만 동시에 맛이 너무 강해질 수 있다. 취향에 따라 이 과정을 생략해도 좋다.

*42쪽 원두의 분쇄도 참조

크기	원두량(g)	물량(ml)	물 따르는 선
스몰(S)	15~20	300	손잡이의 ¾ 지점
미디엄(M)	18~27	450	아래선
	24~36	600	윗선
라지(L)	30~45	750	아래선
	40~60	1,000	윗선

5 필터를 위로 올린 상태(절대 필터를 아래로 내리지 않는다!)에서 뚜껑을 닫는다. 이때 입구 주변에 커피가루를 제거해주면 추출 시 미분을 최소화할 수 있다.

6 4분 동안 커피의 맛이 충분히 추출되도록 기다린다.

7 시간이 다 되면 필터를 천천히 내린다. 간혹 내부 압력으로 필터가 잘 내려가지 않을 때가 있는데, 이럴 경우 필터를 살짝 위로 올렸다가 다시 내리면 된다.

8 컵을 예열한 물은 버리고 추출한 커피를 따른다. 에스프로프레스에 커피가 남아 있지 않도록 한 번에 다 따르거나 다른 컵을 준비하여 과다 추출되는 일이 없도록 예방하는 것이 좋다.

사용팁 TIPS

시행착오가 만드는 완벽한 한잔

1. 필터를 내릴 때 너무 힘이 든다면 분쇄도를 더 굵게 조절하거나, 물과 커피가루가 더 잘 섞이도록 많이 저어주자. 단, 필터를 내리기 바로 직전에 저으면 커피가루가 잘 여과되지 않으니 주의하자.
2. 맛이 너무 약한 경우에는 원두량과 추출 시간, 젓는 횟수를 늘리고 분쇄도를 더 가늘게 조절하자. 반대로 맛이 너무 강한 경우에는 원두량과 추출 시간, 젓는 횟수를 줄이고 분쇄도를 더 굵게 하자. 단, 권장 원두량(물 100ml당 원두 5~6g)과 권장 추출 시간(3~5분) 안에서 변화를 시도해보자.
3. 중간 로스팅 이상으로 로스팅한 원두를 사용하면 쓴맛이 과하게 날 수 있다.
4. 산미가 너무 강하면 물의 온도를 더 높인다.

구입과 관리 BUY/MAINTENANCE

1 구입

[에스프로프레스]
판매처와 사이즈에 따라 다소 차이가 있으나 약 11~19만 원 정도에 구입할 수 있다.

[소모품]
국내에는 소모품을 별도 판매하는 곳이 없으므로 에스프로프레스 공식 사이트에서 구매해야 한다.
교체용 필터 키트 $18.95(스몰) / $22.95(미디움) / $24.95(라지)
교체용 씰 키트 $12.95(스몰) / $14.95(미디움) / $16.95(라지)

2 관리

1. 필터가 손상되어 커피가루가 잘 걸러지지 않는다면 교체용 필터 키트를, 상단 필터와 하단 필터가 부드럽게 결합되지 않거나 필터를 누를 때 부드럽게 내려가지 않는다면 교체용 씰 키트를 구매하자.
2. 가끔 몸체에 뜨거운 물을 채운 상태로 필터를 장착하여 1시간 정도 두었다가 물을 빼면, 필터에 남아 있는 커피 찌꺼기를 제거할 수 있다.

[세척]
1. 에스프로프레스 안에 남은 물과 커피가루를 제거한다. 생각보다 물이 많이 남아 있으니 주의하여 커피가루와 물을 분리한 후 버린다.
2. 상단 필터에서 하단 필터를 분리한다.
3. 필터대를 잡고 상단 필터를 반시계 방향으로 돌려서 분리한다.
4. 중성세제를 사용해 각각의 몸체를 세척한다.
5. 완전히 마를 때까지 건조시킨다.

스태프 평가 STAFF'S EVALUATION

에스프로프레스를 사용해서 커피를 만드는 커피프로젝트 스태프 5명에게 도구에 대해 물어보았다.

사용 편의성
■■■■□ 4.0 프렌치프레스 같은 도구는 커피 내리는 법이 어려울 수 없다.

세척 관리
■■■■◐ 4.6 깨질 것도 없고, 녹슬 것도 없는 도구다.

재미 흥미
■■□□□ 2.1 내부에서 어떤 일이 일어나는지 알 수 없다.

경제성
■■◐□□ 2.4 재질이 고급 스텐이고 수입산이라 그런지 생각보다 비싸다.

디자인
■■■■◐ 3.6 디자인 자체는 깔끔하고 흠은 없어 보인다.

추천 레시피 RECOMMEND RECIPE

스페셜티 원두로 내린 커피

원두의 맛을 잘 살리는 도구이기 때문에 스페셜티 원두를 사용하면 커피 본연의 맛을 느낄 수 있다. 사실 커피 맛을 평가하는 커핑과 프렌치프레스 방식으로 내린 커피의 맛은 본질적으로 비슷한 면이 있다.

COFFEE LAB #2

원두의 분쇄도

커피를 맛있게 내리는 데 있어 가장 중요한 요소 중 하나는 원두의 분쇄도를 결정하는 것이다. 원두의 분쇄도가 맞지 않으면 맛있는 커피는커녕 커피 자체를 내리지 못할 수도 있다. 가령 모카포트 분쇄도로 핸드드립을 내리면 너무 써서 마시기 힘들 수 있고, 커피가루가 너무 가늘어 필터를 막기 때문에 추출 시간이 너무 오래 걸리거나 물이 드리퍼 위로 넘쳐버릴 수 있다. 핸드드립 분쇄도로 모카포트를 내리면 진한 에스프레소의 맛이 아니라 밍밍한 커피향 물이 된다. 반대로 분쇄도가 너무 가늘어지면 커피가 추출되지 않고 모카포트 바디의 옆 부분에서 커피액이 새어 나온다. 이렇듯 커피도구마다 적합한 분쇄도가 있으며 대부분의 원두 판매처에서는 도구에 맞는

분쇄도를 알려주거나 분쇄도에 맞춰 원두를 갈아준다.

모카포트나 ROK 같은 에스프레소 도구는 분쇄도 자체가 결정된 도구여서 분쇄도의 조절 여지가 적은 편이지만, 허용 범위 안에서는 분쇄도에 따라 맛의 편차가 크다. 핸드드립이나 에어로프레스는 상대적으로 큰 범위에서 분쇄도를 결정할 수 있고, 이 분쇄도에 따라 커피 맛을 조절할 수 있다. 가령 에어로프레스를 이용해 커피를 내릴 때 평상시보다 굵게 하면 신맛을, 가늘게 하면 쓴맛을 더 낼 수 있다.

같은 원두, 같은 도구, 같은 방식으로 내리더라도 분쇄도에 따라 커피 맛은 큰 차이를 보인다. 커피 맛에 변화를 주고 싶다면 가장 먼저 분쇄도를 조절해 보자.

AEROPRESS 에어로프레스

"야, 이거 정말 편하다!"
커피를 좋아하지만 귀찮은 것을 싫어하는 M씨. 그가 커피도구를 사고 싶다는 말에 망설임 없이 추천했던 도구, 에어로프레스! 역시 몇 번 사용해보더니 만족하는 얼굴로 바로 구입한다. 커피를 좋아하는 귀차니스트에겐 최고의 추출도구 에어로프레스를 알아보자.

품명 에어로프레스

재질 트라이탄, 폴리프로필렌, 고무제

크기(가로×세로×높이)
108×97×135mm

무게 368g

에어로프레스의 구성 COMPONENTS

1 **플런저** | 챔버에 연결해 손으로 눌러 압력을 만든다.
2 **고무씰** | 플런저의 끝에 달려 있다.
3 **챔버** | 커피와 물이 담기는 부분
4 **깔때기** | 커피가루를 담거나 커피 추출 시 챔버보다 컵이 작을 경우 요긴하게 쓰인다. 그 외에 각종 도구에서 원두를 담을 때도 요긴하다.
5 **종이 필터 & 필터 보관대** | 필터캡에 들어가는 종이 필터 350매와 필터 보관대
6 **패들** | 커피가루와 물을 골고루 섞어주는 젓개
7 **필터캡** | 필터를 넣은 후 챔버에 연결하여 커피가루를 걸러준다.
8 **커피스쿱** | 에어로프레스 전용 계량스푼

에어로프레스의 역사 HISTORY

에어로프레소는 2005년 미국의 에어로비Aerobie 사 사장인 알렌 아들러Alan Adler 가 발명했다. 커피를 마실 때마다 커피가루 때문에 생기는 속 쓰림을 해결하기 위해 고민하다가 주사기 원리를 이용한 커피도구를 직접 만들게 된 것이다. 주사기 모양과 사용법처럼 간편한 추출과 풍부한 바디감으로 유명세를 타면서 2008년부터 월드 에 어로프레스 챔피언십WAC: World Aeropress Championships이라는 경연대회도 열리고 있다. 흥미로운 점은 에어로비 사는 1984년부터 스포츠 플라스틱 원반 등을 만드는 커피와 전혀 상관없는 장난감 회사라는 것이다. 커피와 전혀 상관없는 회사에서 커피 를 그다지 좋아하지 않는 사장이 그저 커피를 마실 때의 속 쓰림을 해결하기 위해 만 들었다는 점에서 에어로프레스는 커피도구계의 이단아 같은 존재라고 해도 과언이 아닐 것이다.

에어로프레스 스토리 TOOL STORY

현대인에 최적화된 커피도구

에어로프레스의 최대 장점은 누구나 쉽고 빠르게 사용할 수 있을뿐더러 세척도 용이하다는 점이다. 원두를 분쇄하는 시간을 제외하면 1분 내외로 추출이 가능하고, 커피 찌꺼기(커피퍽)를 제거하고 물로 세척하는 데도 1분이 채 걸리지 않기 때문이다. 하지만 맛이 없으면 무용지물! 다행히 에어로프레스는 부드럽고 깔끔한 커피 맛을 자랑한다. 바쁜 아침에도 맛있는 커피를 포기할 수 없는 사람에게 에어로프레스는 더할 나위 없는 커피도구이다. 또한 에어로프레스의 권장 물 온도가 80~85도로 정수기에서 바로 나오는 온수 온도와 비슷하다는 점, 368g의 가벼움이 선사하는 극강의 휴대성은 집이나 사무실뿐 아니라 야외활동에도 안성맞춤이라고 할 수 있다.

월드 에어로프레스 챔피언십

다른 커피도구들처럼 에어로프레스도 월드 에어로프레스 챔피언십이라는 자체 추출 대회가 존재한다. 에어로프레스를 이용한 커피 추출 최강자를 가리는 이 대회는 8분 안에 200ml의 커피를 심사위원들에게 제공해야 한다.

커피말고 따로 들어가는 재료가 없고 같은 원두를 사용하기 때문에 원두량이나 물의 온도와 양, 젓는 방법과 추출 방법 등으로 자기만의 개성 있는 커피를 만들어낸다. 심사위원들은 제공된 커피를 블라인드 테이스팅으로 시음한 후 가장 맛있는 커피를 동시에 가리키기 때문에 승자를 가려내는 방식이 보는 재미를 더해준다. 에어로프레스라는 기구의 특성과 비슷하게 캐주얼한 느낌으로 진행되므로 전체적인 분위기가 다소 진지하고 엄숙한 느낌의 다른 대회들과는 사뭇 다르다. 대회라기보다는 에어로프레스를 사용하는 사람들의 축제라고 보는 것이 알맞을 것이다.

월드 에어로프레스 챔피언십에 진출하려면 국가별로 진행되는 에어로프레스 대회에서 우승해야 한다. 일종의 예선인 셈인데, 특별한 자격 조건이 없어 누구나 참가할 수 있다. 실제로 한국 예선 통과자들의 이력을 보면 바리스타부터 일반인까지 다양하다. 심지어 사용 경력이 한달밖에 되지 않는 사람도 있었다.

누구나 맛있는 커피를 즐길 자유

월드 에어로프레스 챔피언십 공식 사이트 http://worldaeropresschampionship.com/recipes에는 역대 수상자 TOP3의 레시피가 공개되어 있다. 워낙 간편한 도구이다 보니 챔피언들의 레시피라고 해도 누구나 쉽게 따라할 수 있을 뿐 아니라 챔피언십 TOP3의 레시피이기 때문에 맛도 보장되어 있다고 할 수 있다. 영어로 쓰여 있기 때문에 해석을 위한 약간의 노력이 필요하다. 이마저도 귀찮다면 인터넷에서 '에어로프레스 레시피 모음'을 검색해보자. 최신은 아니지만 어느 정도의 레시피들을 잘 정리해놓은 글을 쉽게 찾을 수 있을 것이다.

뒤집으면 보이는 신세계

2009년 월드 에어로프레스 챔피언십에서 몇몇 참가자들이 기존의 방법과 차별화된 뒤집어 사용하는 방법 Inverted method을 들고 나와 좋은 반응을 얻었다. 이 방법은 정방향으로 내릴 때 물과 커피가 충분히 만나는 시간을 갖지 못하고 물의 일부가 컵으로 곧바로 떨어지는 문제를 해결하고자 고안된 것으로, 기존의 정방향 방법 못지않게 대중화되었다. 이 역방향 추출의 경우 프렌치프레스처럼 커피와 물의 접촉 시간을 확실하게 조절할 수 있어 굵은 분쇄도의 커피가루와 찻잎까지 우려낼 수 있게 된다. 다시 말해 에어로프레스 하나를 샀더니 커피도구, 침출식 더치커피도구, 티 메이커를 산 효과를 볼 수 있다는 것이다!

환경호르몬 걱정 없는 신소재

가볍고 간편하게 사용하는 것이 에어로프레스의 최대 장점이라고 해도 뭔가 플라스틱스러운 이 녀석이 뜨거운 물에 닿는 것이 꺼림칙할 수 있을 것이다. "이거 과연 안전할까?" "환경호르몬 나올 것 같은데?" 이런 염려가 생기는 건 당연하다. 다행히 에어로프레스의 주재질은 트라이탄과 폴리프로필렌으로 미국 FDA에서 최고 100도까지 모든 식품저장용기로 사용 허가를 받은 친환경 재질이다. 실제로 트라이탄과 폴리프로필렌은 유아용품, 주방용품 등에 많이 쓰이는 신소재로 뜨거운 물이 들어가야 하는 용기에 많이 사용된다. 결론적으로 에어로프레스에서는 뜨거운 물과 일반 플라스틱의 잘못된 만남으로 환경호르몬이 발생하는 일은 일어나지 않으니 안심하고 사용하자.

에어로프레스 타이머

아이폰을 쓴다면 주목! 아이폰 유저를 위한 '에어로프레스 타이머'라는 어플리케이션이 있다. 다양한 추출 레시피를 각 단계마다 쉽게 따라 할 수 있도록 해준 앱으로 원두량, 물의 양 등을 알려주는 것은 물론이고 물을 붓는 시간, 플런저를 누르는 시간 등 각 단계별로 타이머 기능을 제공해 완벽한 한잔을 만들 수 있게 해준다. 한 가지 아쉬운 점은 2.99달러를 지불해야 하는 유료 앱이고, 월드 에어로프레스 챔피언십 챔피언들의 레시피와 블루보틀Blue Bottle 같은 유명한 로스터들의 레시피를 추가하려면 각각 1.99달러를 더 지불해야 한다는 점이다. 그래도 커피 몇 잔만 아끼면 나도 최고의 바리스타가 될 수 있으니 그리 밑지는 장사는 아닌 셈. 한 번 다운로드해보자.

사용 전에 알아야 할 것들 NOTICES

예상치 못한 산산조각
에어로프레스를 사용하는 동영상을 보면 보통 유리컵이나 서버에 놓고 사용한다. 하지만 이는 추출할 때의 모습을 아름답게 보이기 위해 위험을 감수한 행동이다. 사람에 따라서 다르겠지만, 에어로프레스를 내릴 때의 압력으로 유리컵이나 서버가 파손되는 경우가 종종 있다. 사진이나 동영상을 찍어서 SNS에 포스팅할 용도가 아니라면 머그컵을 사용하는 것이 안전하다.

멀티플레이어 깔때기
활용법을 모른다면 찬밥 신세가 되기 좋은 것이 에어로프레스 깔때기이다. 하지만 알고 나면 정말 활용도가 높은 것 또한 깔때기이다. 먼저 챔버 안에 커피가루를 흘리지 않고 온전히 넣을 때 쓸 수 있다. 텀블러의 입구가 작아서 에어로프레스가 들어가지 않아 커피 추출이 곤란한 경우가 있는데, 그때도 깔때기를 텀블러 입구에 놓고 사용하면 문제 해결! 또한 ROK 프레소나 모카포트 등에 커피가루를 넣을 때도 사용할 수 있다.

© photo by Roland Tanglao

다시 쓰는 에어로프레스 사용법 INSTRUCTION

준비물

에어로프레스(챔버, 필터캡, 플런저, 패들, 깔때기), 필터, 커피가루(에스프레소용, 15g), 뜨거운 물(80~85도), 머그컵, 드립포트

1 챔버와 플런저, 필터캡을 각각 분리한다.

2 필터캡에 필터를 넣고 챔버에 돌려 끼운다.

3 머그컵 위에 필터캡을 끼운 챔버를 올려놓고 뜨거운 물을 부어 필터를 린싱Rinsing 해준다.

4 에스프레소 1샷당 곱게 분쇄된 커피가루 1스쿱을 챔버에 넣고 흔들어 표면을 고르게 한다. 이때 깔때기를 이용하면 커피가루를 흘리지 않고 깔끔하게 넣을 수 있다.

5 추출할 샷의 수와 같은 수의 챔버 눈금까지(예: 더블샷=챔버 '2'눈금) 뜨거운 물을 천천히 붓는다. 팔팔 끓인 물보다는 약간 식은 물이나 정수기의 온수가 적당하다.

6 10초 동안 패들로 커피가 물에 완전히 용해될 수 있도록 잘 저어준다.

7 플런저를 챔버에 넣고 약 30초 정도 일정한 압력을 유지하며 부드럽게 내린다.

에어로프레스 **AERO PRESS** / 55

사용팁 TIPS

리버스 사용법-룽고 / 아메리카노 추출
1. 챔버에 플런저를 살짝 끼운 상태에서 뒤집어 놓는다.
2. 필터캡에 필터를 넣고 뜨거운 물로 린싱한다. 이때 필터캡과 챔버는 끼우지 않는다.
3. 커피가루 1스쿱을 넣고 챔버를 흔들어 커피가루 표면을 평평하게 수평으로 만든다.
4. 뜨거운 물을 끝까지 천천히 넣는다.
5. 커피와 물이 완전히 섞일 수 있도록 10초 정도 패들로 잘 저어준다.
6. 필터캡을 챔버에 끼운 후, 준비한 머그컵에 빠르게 뒤집어 놓는다.
7. 20~30초 정도 일정한 압력을 유지하며 부드럽게 내린다.

괜찮아, 너무 고운 거야
추출을 위해 플런저를 누를 때 생각보다 꽤 힘이 든다. 하지만 어떤 때는 그냥 힘든 정도를 넘어서 눌러지지 않는 경우가 있다. 원인은 원두를 너무 곱게 갈았기 때문이다. 이때는 원두 분쇄도를 더 굵게 조절하자. 이외에도 플런저의 고무씰에 뜨거운 수증기를 발라준 후에 내려주는 것도 보다 쉬운 추출을 도와준다.

세상에서 가장 부드러운 메탈
에어로프레스에 쓰이는 필터는 에어로비 사에서 만든 종이 필터 외에도 여러 회사에서 만든 메탈 필터가 있다. 메탈 필터를 사용하면 종이 필터에서 걸러지는 커피오일 같은 성분들이 그대로 추출되므로 풍부하면서 부드러운 맛을 느낄 수 있다. 물론 메탈 필터 특성상 약간의 미분이 함께 추출될 수도 있지만, 에스프레소 머신에서 추출되는 미분 정도라고 생각하면 된다. 평소 아메리카노를 먹는데 미분의 이물감을 별로 느끼지 못했다면 큰 문제가 없다. 메탈 필터는 반영구적으로 사용할 수 있어서 장기적으로 보았을 때 종이 필터를 사용하는 것보다 경제적이며 환경친화적이라는 장점도 있다.

구입과 관리 BUY/MAINTENANCE

❶ 구입

[에어로프레스]

판매처에 따라 다소 차이가 있으나 5만 원 안팎에 구입할 수 있다.

[소모품]

각각의 소모품은 별도 구매가 가능하다. 판매처에 따라 가격에 다소 차이가 있을 수 있다.

고무씰 약 1만 원

필터캡 약 1만 원

종이 필터 350매 약 6천 원

메탈 필터 약 3만 원

❷ 관리

플런저로 누를 때 전과 같은 압력이 생기지 않고 너무 쉽게 내려간다면 고무씰을 교체하자.

[세척]

1. 필터캡을 분리한 후, 쓰레기통 위에서 에어로프레스를 들고 플런저를 눌러 커피 찌꺼기를 제거한다.
2. 필터캡, 플런저, 챔버를 물로 씻는다. 특히 플런저의 고무씰에 남아 있는 커피 찌꺼기나 기름기가 잘 제거되도록 신경 쓴다.
3. 완전히 마를 때까지 건조시킨다. 특히 플런저는 고무씰이 하늘을 향하게 놓고 말린다.

스태프 평가 STAFF'S EVALUATION

에어로프레스를 사용해서 커피를 만드는 커피프로젝트 스태프 5명에게 도구에 대해 물어보았다.

사용 편의성
■■■■☐ 4.0　깨질 염려도 없고 가볍고 여행에도 안성맞춤이다.

세척 관리
■■■■◐ 4.6　부품을 잃어버리지 않는 게 관리의 전부다.

재미 흥미
■■■■☐ 4.1　이거 하나만 있으면 에스프레소도 드립도 가능한 팔방미인!

경제성
■■■■◐ 4.5　다재다능하면서 가격도 저렴하다.

디자인
■■■◐☐ 3.6　재질이 저렴해 보이는 게 아쉽다.

추천 레시피 RECOMMEND RECIPE

아이스라테
에스프레소 분쇄도 원두 1스쿱으로 에스프레소 1샷을 내리고 우유와 얼음이 담긴 컵에 부어주자. 원두만 좋다면 어지간한 카페의 아이스라테 못지않은 맛을 낼 수 있다.

인터뷰 INTERVIEW

Q. 자기소개 부탁드립니다.

A. 에어로프레스 개발자 알렌 아들러입니다. 특허 40여 개를 가지고 있는 발명가이기도 합니다.

Q. 에어로프레스는 어떤 도구인가요?

A. 에어로프레스는 1분 안에 1~4인분의 아메리카노나 에스프레소를 만들 수 있는 유니크한 커피메이커입니다. 에어로프레스로 내린 커피는 드립커피의 1/5, 프렌치프레스 커피의 1/9의 산도를 가지고 있습니다.

Q. 에어로프레스 개발자로서 에어로프레스의 장단점이 무엇이라고 생각하나요?

A. 장점은 매우 빠르고 쉽게 사용할 수 있고, 맛있는 풍미를 자랑하며, 에스프레소나 아메리카노 모두 추출 가능하다는 점입니다. 단점은 4인분을 추출하기 위해서는 약간의 시간이 걸린다는 점입니다. 하지만 진짜 약간의 시간이 걸릴 뿐이에요!

Q. 에어로프레스는 개발하자마자 큰 사랑을 받고 있는 도구죠. 심지어 대회까지 만들어졌습니다. 개발 당시 이런 폭발적인 인기를 예상하셨나요?

A. 에어로프레스의 탁월한 풍미 덕에 폭발적인 인기를 예상했었습니다. 하지만 이런 대회가 생길 거라고는 예상하지 못했죠.

Q. 에어로프레스는 기본적으로 에스프레소를 위해 만들어진 도구로 알고 있습니다. 실제 사용자들에게 주어지는 레시피도 에스프레소 레시피입니다. 하지만 많은 사람들이 룽고나 아메리카노 스타일로 만들어 먹기 좋은 도구라고 하는데, 어떻게 생각하시나요?

A. 제 생각에는 많은 사람들이 아메리카노를 마시기 때문에 에어로프레스도 그렇게 사용하는 것 같습니다. 하지만 라테도 매우 인기 있고 맛있습니다. 라테는 에스프레소로 뽑은 커피로 만들기 적합하고 에어로프레스는 그것을 만들어 줄 수 있지요.

Q. 얼마나 자주 에어로프레스를 사용하시나요?

A. 집에서 아내와 함께 하루에 두 번 사용합니다.

Q. 에어로프레스를 한마디로 표현한다면?

A. 1분 안에 1~4인용 에스프레소나 아메리카노를 만들 수 있는 컴팩트 브루어.

COFFEE LAB #3

물 온도

커피를 내릴 때 물 온도는 매우 중요하다. 물 온도에 따라 추출되는 커피의 특성과 맛이 달라지기 때문이다. 커피를 내릴 때의 물 온도는 크게 세 가지 방식으로 나뉜다. ❶ 실온 이하의 물로 내리는 방식, ❷ 끓인 물로 내리는 방식, ❸ 커피와 물을 함께 끓이는 방식이다.

실온 이하의 물로 내린 커피는 커피성분을 충분히 뽑기 위해 짧게는 2시간에서 길게는 24시간 이상 오랜 시간을 우려내는 방식이다. 이렇게 우려낸 커피는 와인 같은 느낌이 있고, 상대적으로 오랫동안 보관이 가능하다. 시간이 지날수록 부드러운 맛이 나다가 오래되면 맛이 변한다. 더치커피로 알려진 콜드 브루가 이 방식에 해당한다.

끓인 물로 내린 커피는 가장 보편적인 방식이다. 대개 80도에서 95도 사이에서 내리는데, 온도가 낮을수록 신맛이 높을수록 쓴맛이 두드러진다. 맛의 변화가 크기 때문에 같은 원두, 같은 분쇄도라 할지라도 물 온도에 따라 맛이 크게 달라진다. 그래서 오랫동안 핸드드립이나 프렌치프레스 같은 도구를 사용한 이들은 각자 선호하는 물 온도가 있다.

물과 함께 커피를 끓이는 방식은 100도에 가까운 물로 커피를 내리는 것으로 터키쉬 커피나 사이폰 등이 이에 해당한다. 상대적으로 강한 커피를 얻을 수 있고, 물 온도가 100도로 일정하기 때문에 일관적인 맛을 유지하기 쉽다.

물 온도 조절은 커피 맛의 중요한 변수다. 너무 쓰다면 물 온도를 약간 낮춰보고, 신맛을 줄이고 싶다면 물 온도를 약간 높여보자. 이렇게 물 온도 조절만으로도 커피 맛에 큰 변화를 줄 수 있음을 기억하자.

HAND DRIP 핸드드립

"물줄기 이 정도면 괜찮은 거야?"
자신만만하게 핸드드립 커피를 제공하겠노라 말했던 C. 그러나 슬슬 눈치를 보더니 질문을 던진다. 미국이나 유럽에서는 특정 드리퍼를 사용할 때 물을 성의 없이 부어버린다는 사실을 알려주었다. C는 약간 놀란 듯했지만 기쁜 표정으로 경쾌하게 드립을 이어갔다. 보기에는 부담스러울지 모르지만 알고 보면 그리 어렵지 않은 핸드드립을 만나보자!

품명 하리오 V60 드리퍼

재질 도자기

크기(가로×세로×높이)
119×100×82mm

핸드드립의 구성 COMPONENTS

1 **드리퍼** | 종이 필터와 커피를 담는 구멍 뚫린 바구니. 서버 위에 올린다.

2 **리브** | 드리퍼의 요철. 커피 추출 시 가스가 빠져나가는 통로와 물 빠짐을 원활하게 만드는 역할은 물론 추출 후 필터를 쉽게 제거하는 역할을 한다. 개수가 많고 촘촘할수록 물 빠짐이 빠르다.

3 **추출구** | 드리퍼 하단에 위치한 구멍으로 커피가 떨어지는 통로이다.

4 **서버** | 커피액을 받아내는 유리용기. 드리퍼 아래에 위치한다.

5 **드립포트** | 핸드드립 전용으로 개량된 주전자. 가늘고 일정한 물줄기를 위해 입구가 보통 주전자에 비해 좁고 긴 것이 특징이다.

6 **필터** | 커피가루를 걸러내는 역할을 한다. 드리퍼에 따라서 모양과 접는 법도 다르다.

핸드드립의 역사 HISTORY

핸드드립은 섬세하고 정교한 기술이 필요하다는 인식 때문에 일본에서 처음 시작되었을 것이라고 생각할 수도 있지만 사실은 독일에서부터였다. 독일 드레스덴에 살던 멜리타 벤츠Melitta Bentz 여사는 아들의 연습장 종이를 필터 삼아 구멍 낸 놋그릇에 커피 찌꺼기를 걸러내는 방식으로 커피를 내렸다. 구멍 낸 놋그릇을 드리퍼로 사용했다는 것보다도 종이를 필터로 사용했다는 게 당시에는 더욱 획기적이었다. 그동안 필터로 사용했던 천 조각이나 헝겊에 비해 잡미가 없어 더욱 깔끔한 맛의 커피를 맛볼 수 있었기 때문이다. 그 후 멜리타 여사는 1908년 멜리타Melitta 사를 설립하여 더욱 개량된 드리퍼와 종이 필터를 만들기 시작했다. 1937년 멜리타 사에서 개발한 드리퍼의 모양은 현재 우리가 알고 있는 드리퍼 모양의 원형이 되었다.

서양에서 만들어진 커피도구들은 일본으로 건너가 꽃이 피는 경우가 많은데 핸드드립도 그중에 하나라고 볼 수 있다. 멜리타가 만들어진 지 약 50여 년 뒤인 1959년 일본의 칼리타Kalita 사가 핸드드립 세트를 선보였다. 핸드드립의 원조인 멜리타와 비슷한 이름을 갖고 있기 때문에 일부에서는 칼리타의 뜻이 '가짜+멜리타'가 아니냐고 할 정도였다. 칼리타는 일본에서 핸드드립 커피 문화를 대중화시켰고, 일본 커피에 영향을 받은 우리나라에서도 '핸드드립=칼리타'라는 인식이 생길 정도로 핸드드립을 대표하는 브랜드가 되었다.

1925년 고노 아키라Kono Akira에 의해 설립된 사이폰syphon 전문 회사였던 고노Kono 사는 1973년 5년간의 연구 끝에 기존의 핸드드립 방식과 차별화를 둔 '고노식 드리퍼 명문Meimon'과 '고노식 핸드드립'으로 핸드드립의 고급화를 이끌었다. 실제로 고노식 드리퍼를 사용하여 고노식 드립 방식으로 커피를 내리면 가장 어렵고 오래 걸리기도 하지만, 풍부한 바디감을 자랑하기 때문에 커피 전문가들 사이에서는 고노 드립을 하는 카페가 다른 카페에 비해 전문적이라고 생각하는 편이다.

'유리의 제왕'이라는 뜻의 하리오Hario는 1921년에 설립된 일본의 유리 전문 메이커로 고품질의 내열유리로 가정용품에서 공업/의료용품까지 다양한 제품을 생산하고 있다. 대표적인 커피도구로는 V60, 사이폰, 더치커피 등이 있다. 60도 각도의 V자 모양 드리퍼를 뜻하는 V60은 2005년 10월에 처음 발매됐는데, 고온과 급격한 온도 변화에 강하고 냄새와 색이 잘 배지 않는 내열유리의 특성 덕분에 스페셜티 커피에 가장 적합한 도구로 각광받고 있다.

핸드드립 스토리 TOOL STORY

필터는 과학입니다

종이 필터에는 크게 표백 처리를 한 화이트 필터와 천연펄프를 사용한 브라운 필터가 있다. 표백 처리를 한 화이트 필터는 브라운 필터에 비해 펄프 냄새와 맛이 덜하고 깨끗한 느낌을 준다. 하지만 표백할 때 사용하는 염소 성분이 환경오염을 일으키기 때문에 대안으로 펄프 그대로를 사용한 브라운 필터가 등장했다. 그러나 브라운 필터는 펄프 냄새와 맛이 커피에 배어 나오는 단점이 있다.

최근에는 유명 브랜드에서 필터의 혁신이 시작되었는데 화이트 필터는 산소 표백, 무염료 표백 등 친환경 표백은 물론이고 대나무, 침엽수 등 다양한 재질의 고급 종이 필터까지 내놓고 있다.

좋은 필터는 두껍고 무거운 필터인데, 섬유조직이 더 끈끈하게 짜여 있어 원활한 물 빠짐과 불필요한 성분들을 걸러주기 때문이다. 하지만 이런 필터들은 장당 약 100원이 넘는 고가에 판매되고 있다.

얇은 물줄기 강박에서 벗어나기

핸드드립하면 가장 먼저 떠오르는 것이 바로 얇디얇은 물줄기가 아닐까? 그래서 핸드드립을 하는 많은 사람들이 얇은 물줄기를 만들기 위해서 부단히 노력한다. 하지만 실제 핸드드립에 필요한 물줄기는 굵을 가능성이 높다. 서울 카페쇼에서 핸드드립 시연을 하는 칼리타 본사의 일본인 바리스타는 한국에서 가장 놀란 것이 물줄기를 정말 가늘게 만드는 것이라고 말했다. 그는 한국인들의 물줄기는 필요 이상으로 얇다며 굳이 그렇게 얇게 할 필요가 없음을 강조했다. 그 바리스타의 개인적인 취향이라고 생각할 수 있지만, 매년 칼리타 부스의 핸드드립 시연을 하는 다른 바리스타도 이 점을 강조하고 있다. 물론 어느 정도 얇은 물줄기는 필요하겠지만, 얇은 물줄기를 만들어야 한다는 강박 때문에 향기로운 핸드드립을 제대로 즐기지 못하는 일은 없길 바란다. 커피 같은 기호식품에는 정답이 없으니 말이다.

© photo by yoppy

커피빵이 생기지 않아요?

핸드드립을 할 때 가장 좋은 순간 중 하나는 원두가 처음 물과 닿아 가스가 배출되면서 부풀어 오르는 뜸 들이기 과정이 아닐까? 커피 향이 가장 강하게 피어오르는 순간 중 하나이며, 일명 '커피빵'이라고 불리는 원두가 부풀어 오르는 현상이 즐거운 시각적 자극을 주기 때문이다. 하지만 종종 핸드드립을 할 때 커피빵이 생기지 않는 경우가 있다. 그럴 때 이런 점을 체크해보자.

신선도 | 원두가 오래될수록 원두 속 가스의 양은 감소한다. 따라서 신선하지 않은 원두로 핸드드립을 하는 경우 커피빵이 생기지 않는 것은 당연지사. 비슷한 이유로 분쇄하여 보관한 원두는 그렇지 않은 원두에 비해 커피빵을 보기가 어렵다.
물줄기 | 너무 굵은 물줄기는 물이 커피에 적절히 스며드는 정도가 아닌 물이 커피층을 투과하는 식이 되어버린다. 따라서 자연스럽게 부풀기보다 푹 꺼지는 현상이 일어난다.
원두량 | 원두의 양이 너무 적으면 적절한 두께와 밀도를 갖지 못해 제대로 부풀지 못한다.

경제적인 푸어오버

"무슨 주전자가 이렇게 비싸?" 핸드드립 세트를 사려는 사람들이 한결같이 하는 말이다. 하지만 푸어오버Pour over 방식을 사용하는 드리퍼는 드립포트에 대한 압박에서 다소 자유롭다고 할 수 있다. 푸어오버는 '쏟다, 엎지르다'를 뜻한다. 즉, 드립포트를 이용한 정교한 드립이 아닌 그냥 막 붓는 드립 방법이 푸어오버이기 때문에 전기포트나 일반 주전자를 이용해도 된다. 전기포트나 일반 주전자로 뜸 들이기를 하는 것이 힘들 수 있겠지만 일각에서는 계속 하다 보면 내공이 쌓이기 때문에 어느 정도 얇고 일정한 물줄기를 만들 수 있다고도 한다. 푸어오버 방식은 사실 막 붓는 것은 아니고, 물의 양과 내리는 시간에 초점이 맞춰져 있는 드립법이라고 보면 된다.

제품 PRODUCTS

칼리타

추출구	가운데 3개(일직선)
리브	촘촘한 수직 리브
추출법	침지식 / 반침지식
모양	사다리꼴

특징
1. 세 개의 추출구로 추출되는 방식으로 상단에서 하단 끝까지 리브가 형성되어 있어 물 빠짐이 일정하다.
2. 커피가 가지고 있는 산뜻한 신맛을 살려주고 가벼운 바디감의 부드럽고 맑은 커피가 추출된다.
3. 초보자가 사용하기 무난하며 가장 안정적인 맛을 낼 수 있다.

칼리타 웨이브

추출구	가운데 3개(원형)
리브	드리퍼(수평 리브)+필터 (수직 리브), 촘촘한 리브
추출법	침지식 / 반침지식
모양	잘린 원뿔형

특징
1. 바닥이 일직선으로 되어 있는 기존의 드리퍼와 달리 원형으로 되어 있다.
2. 내리는 사람과 기술의 편차를 줄여 매번 일정한 맛의 커피를 추출하기 위해 개발되었다.
3. 전용 필터에 리브가 달려 드리퍼와의 접촉면이 적기 때문에 장시간 필터 내 어느 한쪽에 치우쳐 있지 않고 재빠르게 드립되어 더욱 균형감 있는 맛을 만들어낸다.

멜리타

추출구	가운데 1개
리브	드리퍼의 1/2지점부터 짧은 수직 리브
추출법	침출식
모양	사다리꼴

특징
1. 드리퍼의 측면 각이 칼리타에 비해 경사가 가파르다.
2. 리브의 굵기가 칼리타에 비해 굵다.
3. 종이 필터의 크기가 더 크고 봉재선이 2줄로 되어 있다.
4. 칼리타에 비해 물 빠짐이 느린 만큼 진한 맛과 묵직한 바디감을 만들어낸다.

멜리타 아로마

추출구	가운데 1개
리브	드리퍼의 1/2지점부터 수직 리브
추출법	침출식
모양	사다리꼴

특징
1. 드리퍼의 측면 각이 칼리타에 비해 경사가 가파르다.
2. 리브의 굵기가 칼리타에 비해 굵다.
3. 기존 멜리타와 달리 추출 구멍이 바닥에서 1cm 위 측면에 있어 과추출을 막을 수 있다.
4. 미세한 아로마 홀이 있는 아로마 전용 필터를 사용해야 한다.

고노

추출구	가운데 비교적 큰 구멍 1개	특징	1. 리브가 길지 않아 공기가 빠져나갈 구멍이 짧은 만큼 보다 묵직한 맛을 추출하기 위한 드리퍼이다.
리브	드리퍼의 1/2지점부터 짧고 적은 수직 리브		2. 다른 드리퍼와 비교할 때 드리퍼의 측면 각이 가장 가파르다. 따라서 같은 커피가루도 높게 쌓여 물이 커피를 통과하는 시간이 길어지므로 중후함과 감칠맛이 느껴지는 진한 커피를 추출할 수 있다.
추출법	투과식		
모양	원뿔형		

하리오

추출구	중앙 큰 구멍 1개	특징	1. 커피가 빠르게 추출되며 추출 속도를 조절하여 원하는 맛을 낼 수 있다.
리브	조밀하게 배치된 나선형 리브		2. 잡미가 없는 깔끔하고 부드러운 맛, 다소 약한 바디감을 낸다.
추출법	투과식		
모양	원뿔형		

플라스틱 vs 도자기 vs 유리 vs 동 재질 비교

재질	플라스틱	도자기
장점	저렴한 가격, 가벼움(높은 휴대성)	비교적 저렴한 가격, 뛰어난 보온성, 장기간 사용에도 변형 없음
단점	보온성 낮음, 장기간 사용시 내부벽 손상	무거움(낮은 휴대성), 파손 위험성 높음, 열전도율 낮음

재질	유리	동
장점	추출 과정 관찰 가능	보온성 및 열전도율 높음
단점	파손 위험성 높음	비싼 가격, 관리가 까다로움

사용 전에 알아야 할 것들 NOTICES

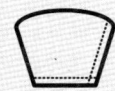

필터 접기
[칼리타/멜리타]
1. 아래 지퍼 무늬 부분을 접는다.
2. 필터를 뒤로 돌려 측면 지퍼 무늬 부분을 접는다.

[고노/하리오 V60]
1. 측면에 있는 지퍼 무늬 부분만 접으면 끝!
2. 사다리꼴 필터밖에 없을 때 경우, 필터를 반으로 접고 접은 선에 맞춰 양옆을 접으면 된다.

가장자리는 조심!
물을 떨어뜨릴 때 물줄기가 드리퍼의 벽면에 닿으면 물이 커피층을 통과하지 않고 종이 필터를 타고 바로 밑으로 떨어지게 된다. 이렇게 내린 커피는 커피성분을 충분히 뽑아내지 못한 다소 밍밍한 커피가 될 수 있으니 주의하자.

목적에 충실하자
흔히 뜸을 들일 때 원두를 충분히 적실 수 있도록 하되, 서버에 물이 한두 방울 정도 떨어질 정도로 물을 부으라고 한다. 흠 잡을 데 없는 최상의 핸드드립이지만 초심자는 그렇게 하는 게 쉽지 않다. 결국 초심자에게는 두 가지 경우의 수가 주어진다. 한두 방울의 물이 떨어지는 것에 초점을 맞추거나, 처음에는 원두를 충분히 적시는 것에 초점을 맞추는 것이다. 이 중 하나를 선택하라면 충분히 적시는 것에 초점을 맞출 것을 권한다. 뜸을 들이는 목적은 서버에 약간의 물을 떨어뜨리는 것이 아니라 모든 커피가루에 골고루 물이 퍼지게 하는 것이기 때문이다.

다시 쓰는 핸드드립 사용법 INSTRUCTION

준비물
드리퍼, 서버, 드립포트, 종이 필터, 컵, 커피가루(핸드드립용, 1인용 약 15g),
뜨거운 물 200ml(90~92도)

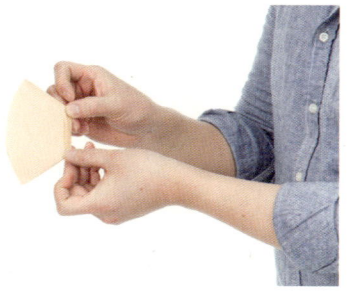 

1 종이 필터를 접는다. 칼리타와 멜리타는 필터 아랫면과 옆면의 지퍼 모양 부분을 앞뒤가 엇갈리게 접은 후 모서리 부분을 한 번 집어준다. 하리오와 고노는 옆면만 접으면 된다.

2 접은 종이 필터를 드리퍼에 넣고 뜨거운 물로 적신다. 이렇게 하면 드리퍼와 서버를 예열해주는 동시에 종이 필터의 펄프 맛을 빼주고 필터와 드리퍼가 밀착된다. 준비한 컵도 예열하고 서버를 예열한 물은 버린다.

❸ 커피가루를 드리퍼에 넣는다.

❹ 드리퍼를 살짝 흔들어서 커피가루 표면이 수평을 이루게 한다.
*고노 드리퍼는 여기까지 실행한 후 점드립을 한다.

❺ 뜨거운 물을 드립포트에 넣고 가운데에서 바깥쪽으로 나선형을 그리면서 커피가루 전체가 젖을 수 있게 부어서 30초 정도 뜸을 들인다(30초를 기본으로 하되, 원두나 분쇄도 등에 따라 45~60초까지 시도해도 좋다). 이때 서버로 떨어지는 물이 똑 똑 떨어지는 느낌이 아니라 주르륵 떨어지는 느낌이라면 물을 너무 많이 부은 것이다.

제조사별 추천 드립법 INSTRUCTION

다음은 각 제조사가 추천하는 드립법이다. 정답은 아니고, 참고 방법이다. 예를 들어, 칼리타 드리퍼로 고노 점 드립을 해도 된다. 다양한 드립 방식을 익혀보고 자신에게 맞는 방법을 선택하면 된다.

고노-점드립
1. 중심부에 물을 한 방울씩 떨어뜨려서 커피가루 전체가 젖게 뜸 들이기를 한다.
2. 부풀어 오른 원두층이 갈라지기 시작하면 가는 물줄기로 500원짜리 동전을 그리듯이 원을 그려준다. 이때 거품이 꺼지지 않도록 연속적으로 추출한다.
3. 원하는 추출량의 2/3 이후부터는 굵은 물줄기로 크게 원을 그리면서 빠르게 추출한다.
4. 원하는 추출량이 추출되면 드리퍼를 제거해 거품에 있는 잡맛이 추출되지 않게 한다.
5. 서버를 흔들어 추출된 커피의 전체적인 농도를 고르게 만든다.
6. 컵을 예열한 물을 버리고 커피를 담는다.

멜리타
1. 부풀어 오른 원두층이 갈라지기 시작하면 중심부에서 바깥쪽으로 나선형을 그리면서 추출을 원하는 양만큼의 물을 한 번에 붓는다.
2. 모든 물이 추출될 때까지 기다렸다가 드리퍼를 제거한다. 총 추출 시간은 커피의 양에 관계없이 3분을 넘기지 않는다.
3. 서버를 흔들어 추출된 커피의 전체적인 농도를 고르게 만든다.
4. 컵을 예열한 물을 버리고 커피를 담는다.

칼리타/칼리타 웨이브
1 부풀어 오른 원두층이 갈라지기 시작하면 중심부에서 바깥쪽으로 부풀어 오른 원두층이 꺼지지 않도록 원두 모양(の)을 3번 정도 그리면서 물을 붓는 1차 추출을 한다. 기본 칼리타 드리퍼는 원의 중앙을 가르는 물줄기가 일직선으로 놓여 있는 구멍을 따라서 붓는다.
2 부풀어 오른 원두층이 수평선 밑으로 떨어지기 전에 1차 추출 때보다 더 큰 물줄기로 더 큰 원두 모양을 2번 정도 그리면서 2차 추출을 한다.
3 원두층이 수평선 밑으로 꺼지기 전에 2차 추출 때보다 더 큰 물줄기로 더 큰 원두 모양을 1번 정도 그리면서 3차 추출을 한다. 총 추출 시간은 뜸 들이기를 포함해 3분을 넘지 않도록 한다. 3차 추출까지도 원하는 추출량이 나오지 않았다면 3차 추출 과정을 2번 정도 더 반복해 원하는 추출량을 맞춘다.
4 원하는 추출량이 추출되면 드리퍼를 제거해 거품에 남아 있는 잔맛이 추출되지 않게 한다.
5 서버를 흔들어 추출된 커피의 전체적인 농도를 고르게 만든다.
6 컵을 예열한 물을 버리고 커피를 담는다.

하리오 V60
1 원두층이 갈라지기 시작하면 가운데에서 바깥쪽으로 다시 바깥쪽에서 안으로 들어가는 것을 반복하는 나선형을 그리면서
한 번에 추출을 원하는 양만큼 물을 붓는다. 점점 더 물줄기를 크게 해주면서 동시에 점점 빠르게 나선형을 그린다.
2 모든 물이 추출될 때까지 기다렸다가 드리퍼를 제거한다. 총 추출 시간은 커피의 양에 관계없이 3분을 넘기지 않는다.
3 서버를 흔들어 추출된 커피의 전체적인 농도를 고르게 만든다.
4 컵을 예열한 물을 버리고 커피를 담는다.

사용팁 TIPS

임시방편 드립포트

야외에서 커피를 즐기기 위해 커피가루, 드리퍼, 필터는 챙겼는데 드립포트나 주전자를 미처 준비하지 못한 상황이라면 종이컵이나 텀블러를 이용하자. 종이컵 한쪽을 접어서 뾰족하게 만들거나 텀블러의 입구 구멍을 이용하여 드립을 해보자. 일정한 물줄기는 만들기 어렵겠지만 드립포트를 대체하는 데는 충분하다.

나만의 드립 방법 찾기

커피에 정답은 없다고 하는 말은 핸드드립 때문일 것이다. 단순히 원두와 물의 양뿐만 아니라 물을 붓는 방법에 따라서 그 맛이 천차만별이다. 몇 가지 경향만 알아두면 내가 좋아하는 맛을 뽑아내는 나만의 드립 방법을 찾을 수 있다.

1. 물줄기가 굵고 물을 빠르게 내릴수록 커피와 물이 닿는 시간이 줄어들면서 산미가 잘 드러난다.
2. 물줄기가 얇고 물을 천천히 내릴수록 커피와 물이 닿는 시간이 늘어나면서 스모키한 맛(쌉싸름한 맛)이 잘 드러난다.
3. 물의 온도가 낮을수록 커피성분(가용성 성분)이 적게 추출되면서 산미가 잘 드러난다.
4. 물의 온도가 높을수록 커피성분이 많이 추출되면서 스모키한 맛이 잘 드러난다.

구입과 관리 BUY/MAINTENANCE

1 구입

[드리퍼] (1인용)

플라스틱

칼리타·멜리타·하리오 약 6천 원 내외, 고노 약 1만5천 원 내외

도자기

칼리타·멜리타 약 1만 원 내외, 하리오 약 2만5천 원 내외, 칼리타 웨이브 약 3만 원 내외

유리 하리오 약 2만 원 내외, 칼리타 웨이브 약 3만 원 내외

스테인리스 하리오·칼리타 웨이브 약 4만 원 내외

동 칼리타·하리오 약 9만 원 내외

[서버]

300ml(1~2인용) 약 1만5천 원 내외, 500ml~600ml(1~4인용) 약 2만 원 내외 800ml~1,000ml(1~7인용) 약 2만5천 원 내외

[필터]

기본 필터는 약 4천 원 내외(1~2인용, 100장 기준). 고급 필터로 갈수록 비슷한 가격에 20장, 40장씩 매수가 줄어든다.

[드립포트]

제조사와 재질에 따라 약 3만5천 원부터 약 30만 원까지 다양하다. 스테인리스에서 동 재질로 갈수록 비싸진다.

2 관리

[세척]

1. 원두 찌꺼기가 담긴 종이 필터 그대로 휴지통에 버린다.
2. 드리퍼와 서버를 물과 부드러운 수세미로 씻는다. 세제를 사용하면 세제 잔여물이 남아 추출 시 세제의 맛이 섞일 위험이 있으니 물로만 세척하자.
3. 드립포트에 남은 물을 버리고 세척한 드리퍼와 서버를 건조대에 말린다.

스태프 평가 STAFF'S EVALUATION

핸드드립으로 커피를 만드는 커피프로젝트 스태프 5명에게 도구에 대해 물어보았다.

사용 편의성
■■■■◧ 4.2   처음 배울 때 잘 배우면 실생활에서 쓰기 가장 편리한 추출도구다.

세척 관리
■■■■□ 4.0   밥그릇 설거지하는 것보다 쉽다.

재미 흥미
■■■■◧ 4.3   약간의 기술만 갖춘다면 다양한 실험정신을 발휘할 수 있다.

경제성
■■■■□ 4.0   가장 저렴하게 시작할 수 있는 추출도구다.

디자인
■■■■◧ 4.1   모양, 색, 크기, 같은 듯 다른 듯 각자에게 꼭 맞는 디자인이 있다.

추천 레시피 RECOMMEND RECIPE

아이스 핸드드립

원래의 원두량에서 5~8g정도 더 원두를 넣고, 분쇄도도 조금 더 조밀하게 만들어서 서버에 얼음을 넣고 내려주면 맛있는 아이스 핸드드립이 완성된다.

인터뷰 INTERVIEW

Q. 자기소개를 해주세요.

A. 쿠라나가 준이치입니다. JCQA 인증 인스트럭터 2급, SCAJ 인증 마스터, JSC 심사원 자격을 가지고 있습니다.

Q. 커피브루잉의 한 장르로서 핸드드립은 어떤 특징을 가지고 있나요?

A. 드립하는 동안 원두의 상태 변화를 확인하며 최고의 커피 한잔을 만들어 낼 수 있다는 것이 특징이라고 생각합니다.

Q. 핸드드립 전문가로서 핸드드립의 장단점은 무엇이라고 생각하시나요?

A. 장점은 가정에서도 간단히 커피를 추출하는 것이 가능합니다. 시간이나 물의 양, 온도 등을 정확하게 맞춰 다양한 추출 매뉴얼을 만들어 커피를 즐길 수 있습니다. 단점은 드립 기술의 연습이 필요하다는 점입니다.

Q. 개인적으로 가장 좋아하는 드리퍼와 그 이유를 알려주세요.
A. 하리오 V60입니다. 세계에서 가장 드립 자유도가 높은 드리퍼라고 생각합니다.

Q. 맛있는 커피를 만들기 위한 가장 중요한 요소는 무엇이라고 생각하시나요?
A. 커피의 로스팅 정도, 로스팅한 일자, 필터, 물 온도 등을 파악하고 그에 맞게 적절한 드립 방법을 구사하는 것이라고 생각합니다.

Q. 보통 얼마나 자주 드립커피를 마시고 있나요?
A. 매일 하루도 빠짐없이 마시고 있습니다.

Q. 추천하는 레시피가 있다면 소개해주세요.
A. 커피가루 1, 뜸 들이기에 사용하는 물의 양 1.5, 총 물의 양 11.5, 최종 추출 커피량 10을 하나의 기준으로 드립하고 있습니다.

Q. 핸드드립 커피에 잘 어울리는 디저트는 어떤 게 있을까요?
A. 가토 쇼콜라가 잘 어울린다고 생각합니다.

Q. 핸드드립을 한마디로 정의해주세요.
A. 누구나 손쉽게 즐길 수 있지만, 드립 방법이 다양하고 알면 알수록 내용이 깊어지는 것.

Q. 커피는 어떤 의미를 갖습니까?
A. 직업임에도 불구하고 즐길 수 있는 일이라고 생각합니다.

Q. 마지막으로 한국의 핸드드립 유저에게 한마디 부탁합니다.
A. 즐겁게 드립하여 본인뿐 아니라 커피를 함께 즐기는 사람 모두가 행복해졌으면 좋겠습니다.

COFFEE LAB #4

필터의 재질

종이 vs 섬유(천) vs 고형(스틸 계열)

한 잔의 커피에는 커피액과 더불어 커피유분으로 통칭되는 오일성분과 커피가루가 담겨 있다. 커피를 내릴 때 사용하는 필터의 재질과 종류에 따라 걸러주는 성분들이 달라서 어떤 필터를 썼느냐에 따라 커피 맛이 달라진다.

기본적으로 종이 필터는 커피가루와 커피유분을 상대적으로 많이 걸러 깔끔한 커피를 추출하게 한다. 섬유 계열의 천 필터는 종이 필터를 사용하기 전부터 사용했던 방식으로 커피가루는 걸러주고 커피오일은 통과시켜 부드러운 커피를 내릴 수 있게 해준다. 그래서 많은 커피 애호가들이 천 필터를 사용한 커피를 최고의 커피로 꼽기도 한다. 그러나 커피를 내린 뒤에 천 필터를 빨고 말리고 보관하는 것이 번거롭기 때문에 대중적으로 사용되지는 않는다. 스틸 계열의 고형 필터는 커피가루와 커피오일이 모두 추출되어(그렇다고 커피가루가 다 쏟아져 들어가는 건 아니다) 커피 본연의 맛을 느낄 수 있게 해준다. 또한 관리하기도 쉽고 영구적으로 사용이 가능하다.

대부분의 커피도구들은 전용 필터가 정해져 있지만, 핸드드립이나 에어로프레스, 더치커피 도구들은 내리는 사람에 따라 어떤 필터를 쓸 것인지 결정할 수 있다. 편의를 제쳐두고 고려한다면 깔끔한 맛은 종이 필터, 부드러운 맛은 천 필터, 커피 본연의 맛은 스틸 필터를 선택하면 된다. 물론, 사람마다 편의성이 맛보다 우선할 수 있다.

CHEMEX 케맥스

"여기 꽃병도 판매하나요?"
MD 진열대에 있는 케맥스를 본 손님 한 분께서 재미있는 질문을 하셨다. 장식품이나 꽃병에 가까워 보이는 케맥스의 예술적인 디자인 때문인가? 커피도구라고 말씀드리자 놀라워하시면서 케맥스 핸드드립을 주문하셨다. 맛을 보시더니 깔끔한 맛이 너무 좋다고 하신다. 생김새만큼 맛도 멋진 케맥스를 알아보자.

품명 케맥스 커피메이커

재질 유리, 나무, 생가죽

크기(가로×세로/용량)
76×210mm / 473ml (3cup)
130×216mm / 850ml (6cup)
127×232mm / 1,000ml (8cup)
130×235mm / 1,500ml (10cup)
146×232mm / 1,840ml (13cup)

구성품 드립 서버(유리용기), 나무 손잡이/가죽끈

케맥스의 구성 COMPONENTS

1 에어채널 | 케맥스의 주둥이 부분으로 다른 드리퍼의 리브 역할.
케맥스에 종이 필터를 끼우고 물을 부으면 종이 필터가 유리면에 달라붙는다. 이렇게 필터와 유리면이 밀착되면 공기가 드나들 수 있는 곳은 케맥스의 주둥이 부분인 에어채널을 통해서만 가능하다. 또한 커피가 추출되어 내려갈 수 있는 길도 에어채널을 통해서만 가능하다. 이 상태에서 커피를 내리면 케맥스 안쪽에 있던 공기는 에어채널을 통해 밖으로 밀려나가고 케맥스 내부에는 커피 향이 남는다. 다른 드리퍼들의 리브 역할을 하면서 커피 향을 남게 해주는 기능이 더해져 에어채널이라 불린다.

2 버튼 | 케맥스 하단에 볼록 튀어나온 배꼽 같은 버튼. 추출이 어느 정도 되었는지를 알 수 있게 해주는데, 보통 최대 추출량의 절반을 가리킨다.
3cup - 350ml(최대 추출량) / 6cup - 450ml / 8cup - 500ml / 10cup - 700ml / 13cup - 1,000ml(아래 버튼)/1,500ml(윗버튼)

3 나무 손잡이 | 케맥스 허리 부분에 있으며 클래식/핸드브로운 Classic/Handbrown 모델의 경우 뜨겁지 않게 케맥스를 잡을 수 있게 해준다. 버튼과 마찬가지로 추출량을 알 수 있게 해주는데, 보통 최대 추출량을 가리킨다.
6cup - 850ml / 8cup - 1,100ml / 10cup - 1,350ml / 13cup - 2,000ml

케맥스의 역사 HISTORY

케맥스는 1941년 독일의 화학자이자 발명가인 피터 제이 쉴럼봄Peter J. Schlumbohm 박사가 발명했다. 쉴럼봄은 독일의 바우하우스디자인학교 출신으로 19세기 초반 기능주의적 디자인 운동을 펼친 바우하우스Bauhaus 운동에 영향을 받아 케맥스를 발명했다고 한다. 평소에 커피를 즐겨 마셨던 그는 과학 원리와 실험실 도구를 이용해 가정용 커피메이커를 만들고 싶어 했는데, 실험실에서 쉽게 볼 수 있는 삼각 플라스크를 기초로 케맥스를 디자인하는 데 성공한다. 1935년 미국으로 이주한 쉴럼봄은 1939년 뉴욕에 케맥스 회사Chemex corporation를 설립, 1941년 특허를 낸 후 '화학자의 방법으로 만든 커피'라는 캐치프레이즈를 내세워 제품 마케팅을 시작했다. 그 후 2차 세계대전을 기점으로 대량생산에 들어간 케맥스는 멋진 디자인과 깔끔한 커피 맛으로 순식간에 미국인들의 마음을 사로잡았다.

ⓒ photo by Ty Nigh

케맥스 스토리 TOOL STORY

이름 없는 영웅, 필터

케맥스 전용 필터는 장당 약 200원으로 다른 필터에 비해 높은 가격이다. 그래서 많은 사람들이 케맥스의 단점으로 비싼 필터 가격을 꼽는다. 케맥스 전용 필터가 비싼 데에는 다 이유가 있다. 케맥스 전용 필터에는 곡물 성분이 섞여 있어 다른 필터에 비해 약 20% 두껍다. 두꺼운 필터는 커피를 내릴 때 잡미를 낼 수 있는 성분들을 충분히 걸러준다. 그래서 케맥스로 내린 커피가 다른 도구로 내린 커피에 비해 균형감 있고 깨끗한 맛을 자랑하는 것이다. 또한 원뿔 모양의 필터는 투입하는 물의 양과  상관없이 늘 같은 시간에 같은 양의 커피가 추출되기 때문에 정교한 드립 기술이 없어도 누구나 맛있는 커피를 내릴 수 있게 해준다. 가격은 비싸지만 비싼 만큼 제 몫은 한다.

<프렌즈>의 친구

한국인의 영원한 영어공부용 미드 <프렌즈Freinds>에서도 케맥스를 심심찮게 볼 수 있다. 시즌1 1화에 레이첼이 "내 손으로 커피를 만들기는 이번이 처음이야"라고 하면서 조이와 챈들러에게 모닝커피를 대접하는 장면이 나온다. 여기서 레이첼이 사용한 도구가 바로 케맥스다. 누가 내려도 맛있는 커피를 만들어준다는 케맥스이지만, 레이첼만큼은 이기지 못했나보다. 조이와 챈들러는 커피를 한 모금 마신 후 약속이라도 한 듯 레이첼 몰래 테이블 위 화분에 뱉어버린다. 이후에도 시즌 3정도까지 모니카의 부엌에서 종종 케맥스를 볼 수 있는데, 시즌 3 이후에는 커피메이커에게 그 자리를 뺏기고 만다.

하나만 걸러라!

케맥스를 발명한 쉴럼봄 박사는 사실 에디슨 버금가는 발명왕이었다. 1962년에 생을 마감할 때까지 약 3천여 개의 발명 및 특허를 냈을 정도다. 하지만 3천여 개의 발명 및 특허 중 성공적으로 상용화된 제품은 케맥스 단 하나밖에 없었다. 하지만 그 하나로 현재 인텔리젠시아intelligentsia, 스텀프 타운Stumptown 등 내로라하는 카페를 비롯하여 전 세계의 커피 애호가들이 사랑하는 커피도구의 제작자로 이름을 날린 것을 생각하면 끊임없는 발명의 결실을 맺었다고 할 수 있지 않을까?

제국의 역습

샤오미XIAOMI가 애플Apple의 아이폰을 모방하여 스마트폰 시장에서 좋은 성적을 거두고 있다면, 커피에서는 중국의 디아이Diguo라는 업체에서 케맥스와 거의 흡사한 일체형 드리퍼를 내놓았다. 업체 이름인 디아이가 중국어로 '제국'이라는 뜻을 갖고 있기 때문에 '제국의 케맥스'라고 불린다. 기존 케맥스에 계량 눈금이 추가된 형태라 실용적으로 업그레이드된 케맥스처럼 느껴진다. 심지어 가격은 기존 케맥스의 반값이면서도 케맥스 전용 필터와 철제 콘 필터에 모두 호환이 잘되는 것이 생각보다 괜찮은 물건이라는 호평을 받고 있다.

인정받은 디자인

케맥스를 보면 초기 코카콜라 병이 생각날 정도의 아름다운 곡선미를 자랑한다. 실제로 케맥스를 구입한 사람들의 후기를 보면 깔끔하고 균형 있는 맛뿐만 아니라 아름다운 디자인 때문에 구입하게 되었다는 평이 많다. 케맥스의 아름다운 디자인은 이미 세계적으로도 인정받아 뉴욕 현대 미술관, 스미소니언 자연사 박물관, 필라델피아 박물관 등에서 영구 전시되고 있으며 일리노이 공과대학에서 선정한 현대 100대 디자인의 하나로 선정되기도 했다.

사용 전에 알아야 할 것들 NOTICES

필터 접기

[접혀 있지 않은 반달 필터]

1 반달 필터를 반으로 접는다.

2 튀어나온 작은 부채꼴 부분을 큰 부채꼴 쪽으로 접는다.

3 다시 필터를 반으로 접는다.

4 세 겹으로 접힌 부분이 에어채널로 가게끔 끼운다.

[접혀 있지 않은 원형 필터]

1 원형 필터를 반으로 접는다.

2 반으로 접은 원형 필터를 다시 한 번 반으로 접는다.

3 세 겹으로 접힌 부분이 에어채널로 가게끔 끼운다.

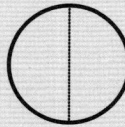 

[접혀져 있는 원형/사각 필터]

1 세 겹으로 접힌 부분이 에어채널로 가게끔 끼운다.

같은 듯 다른 두 모델

케맥스는 크게 클래식, 글라스 핸들, 핸드브로운의 3가지 모델로 나뉜다. 글라스 핸들 모델은 나무손잡이가 없고 돌출된 손잡이가 달려 있는 외형적 차이가 있어 쉽게 구분된다. 그러나 클래식과 핸드브로운 모델은 얼핏 봐서는 그 차이를 알 수 없음에도 가격은 핸드브로운 모델이 클래식 모델의 약 3배 이상이다. 이런 가격 차이는 사람이 만들었느냐, 기계가 만들었느냐로 책정된다. 핸드브로운 모델은 말 그대로 독일의 유리장인들이 한 숨 한 숨 직접 불어서 만든 고급형 수제 케맥스이고, 클래식 모델은 기계로 양산한 보급형 케맥스이기 때문이다.

클래식과 핸드브로운 모델을 구분할 수 있는 특징이 몇 가지 있다. 첫째, 가장 큰 특징인 유리의 색깔이다. 약간 녹색 빛을 띄고 있다면 핸드브로운 모델이고, 투명한 우윳빛을 띄고 있다면 클래식 모델이다.

둘째, 유리의 두께다. 핸드브로운 모델은 클래식 모델에 비해 더 두꺼운 유리를 사용하여 묵직한 편이다.

셋째, 에어채널과 바닥 면의 생김새이다. 에어채널의 끝이 둥글고 바닥 면이 비교적 넓직한 것이 핸드브로운 모델이고, 에어채널의 끝이 각지고 바닥 면이 상대적으로 작으면서 둥근 모양이 도드라진 것이 클래식 모델이다.

이외에도 핸드브로운 모델은 수제품이기 때문에 같은 용량이어도 약간씩 모양의 차이와 울퉁불퉁한 표면 처리가 있지만, 클래식 모델은 기계가 만들기 때문에 같은 용량에 동일 크기와 매끄러운 표면 처리가 있으며 몸통을 가로 지르는 연결선을 육안으로 확인할 수 있다.

[CLASSIC]
machine-made

[GLASS HANDLE]

[HANDBROWN]
hand-made

다시 쓰는 케맥스 사용법 INSTRUCTION

준비물

케맥스, 케맥스 전용 필터, 커피가루(핸드드립용보다 약간 굵게/1인당 약 15g), 뜨거운 물(약 93도), 드립포트, 컵

1 케맥스 전용 필터를 접은 후 세 겹으로 된 두꺼운 부분이 에어채널 쪽으로 오도록 끼운다.

2 뜨거운 물을 부어 필터를 린싱하고 케맥스를 예열한다. 이때 준비한 컵도 예열한다.

3 필터를 그대로 둔 채 예열된 물을 에어채널을 통해 버린다.

4 커피가루를 필터에 넣는다.

5️⃣ 커피가루가 충분히 젖을 만큼 뜨거운 물을 붓고 30초 정도 기다린다.

6️⃣ 원두층이 갈라지기 시작하면 가운데에서 바깥쪽으로 다시 바깥쪽에서 가운데로 들어가는 것을 반복하는 나선형을 그리면서 추출을 원하는 양만큼의 물을 한 번에 붓는다. 이때 점점 더 물줄기를 크게 해주면서 동시에 점점 빠르게 나선형을 그린다.

7️⃣ 버튼과 손잡이를 기준으로 원하는 양의 커피가 나왔는지 확인한 후, 추출이 완료되었다면 필터를 제거한다.

8️⃣ 케맥스를 흔들어 추출된 커피의 전체적인 농도를 고르게 만든 후, 컵을 예열한 물을 버리고 커피를 담는다.

사용팁 TIPS

철제 콘 필터

케맥스의 종이 필터를 사용하면 깔끔한 커피를 마실 수 있지만, 커피의 깊은 풍미와 바디감을 즐기는 사람이라면 너무나 깔끔한 커피 맛에 아쉬움이 있을 것이다. 이런 니즈를 파악한 여러 회사가 케맥스용 철제 콘 필터를 제작했다. 철제 콘 필터를 사용하면 커피오일이 추출되기 때문에 보다 부드럽고 풍미 있는 맛을 느낄 수 있다.

철제 콘 필터는 하리오와 고노에도 호환이 가능하다. 판매 가격은 약 6~8만 원으로 반영구적으로 사용할 수 있어 경제적이며, 종이 필터와 달리 환경을 보호하는 효과까지 기대할 수 있다. 하지만 미분이 남아서 마지막 한 모금은 남겨 놓아야 하고 취향에 따라 다소 텁텁한 느낌이 들 수도 있다.

디켄터 구조

케맥스의 구조는 와인 디켄터처럼 넓은 바닥으로 공기와의 접촉 면을 늘려주고, 좁은 주둥이로 향이 쉽게 빠져나가지 않게 하는 구조이다. 이런 구조 덕분에 식은 커피를 케맥스채로 가열하더라도 다른 커피도구와 비교할 때 커피의 맛과 향이 비교적 잘 유지된다. 케맥스는 재가열이 가능하다고 하지만 유리 제품을 가열한다는 것은 무척 위험한 일이니 재가열할 때는 반드시 약한 불로 살짝 데운다는 느낌으로 하는 게 좋다.

네 멋대로 해라

모든 커피도구들이 그렇지만 그중에서도 케맥스는 푸어오버 방식을 사용하여 추출할 뿐만 아니라 필터의 위력으로 어느 정도 균일한 맛을 만들어 준다는 장점을 가지고 있다. 웬만해서는 이상한 커피가 나오지 않는 장점 때문인지 케맥스에는 다른 커피도구와 달리 더욱 과감하고 다양한 추출법이 있다. 유튜브를 보면 뜸 들이기 없이 물을 부으면서 나무막대를 이용하여 커피가루와 물이 잘 섞이도록 저으면서 추출하는 방법, 처음 일정량의 물을 붓고 난 후 기다렸다가 나머지를 붓는 방법, 커피가루의 가운데에 구멍을 내고 물을 붓는 방법, 뜸 들이기 이후 가운데로만 물을 붓는 방법 등 다양한 추출법이 존재한다. 그동안 실패한 커피를 맛보게 될까 봐 나만의 방법을 찾을 엄두를 내지 못했다면, 케맥스를 사용할 때만큼은 조금 더 과감하게 나만의 방법을 찾아보는 것은 어떨까?

© photo by Yara Tucek

구입과 관리 BUY/MAINTENANCE

1 구입

[케맥스]

클래식/글라스 핸들 모델

473ml 약 7만 원/ 850ml 약 8만 원/ 1,000ml 약 9만 원/ 1,500ml 약 12만 원

핸드블로운 모델

473ml 약 20만 원/ 850ml 약 21만 원/ 1,000ml 약 27만 원/ 1,840ml 약 30만 원

[소모품]

케맥스 전용 필터 100매 약 2만 원

전용 유리 뚜껑 약 1만 원

나무 손잡이&가죽끈 약 3만 원

와이어 그리드(인덕션 사용 시 유리 보호) 약 1만 원

전용 세척 솔 약 3~5만 원

2 관리

[세척]

1. 케맥스에서 원두 찌꺼기가 담긴 필터 그대로 휴지통에 버린다.
2. 케맥스를 물과 수세미(또는 케멕스 전용솔)로 세척한다. 세제를 사용하면 세제 잔여물이 남아 추출 시 세제의 맛이 섞일 위험이 있으니 물로만 세척하자.
3. 드립포트에 남은 물을 버리고 세척한 케맥스를 건조대에 말린다.

스태프 평가 STAFF'S EVALUATION

케맥스를 사용해 커피를 만드는 커피프로젝트 스태프 5명에게 도구에 대해 물어보았다.

사용 편의성
■■■■□ 4.2 필터가 모든 미숙함을 커버해주니 내가 할 일이 별로 없다.

세척 관리
■■■■□ 4.0 깨지는 것만 조심하면 세척이나 관리도 무척 편하다.

재미 흥미
■■■■□ 4.3 함께 있는 사람들에게 좀 있어 보이게 해준다.

경제성
■■■■□ 4.0 달랑 유리 주전자 하나치고는 비싸지만, 장만할 만하다.

디자인
■■■■□ 4.1 아무 데나 놓아도 인테리어 소품!

추천 레시피 RECOMMEND RECIPE

철제 콘 필터를 이용한 스트레이트

기존 필터 대신 철제 콘 필터를 사용해서 내려보자. 내리는 방식은 종이 필터와 같다. 필터만 바꿔도 커피오일의 부드러운 맛을 느낄 수 있고, 좀 더 묵직한 바디감을 즐길 수 있게 된다. 단, 커피에 미분이 섞여 나오므로 적어도 에스프레소에서 나오는 커피가루 정도는 참을 수 있어야 한다.

COFFEE LAB #5

원두의 보관

원두를 구매하고 보관하는 것은 식재료 관리와 별반 다르지 않다. 어떤 원두를 구매하고 어떻게 보관하느냐에 따라 맛있고 신선하게 마실 수 있느냐가 결정된다. 원두는 로스팅 직후부터 신선도가 떨어지고 변질되기 시작된다. 분쇄한 원두는 2~3일 이후부터는 향기가 약해지고 맛의 변질이 시작된다. 물론 상하는 건 아니라서 유통기한이 1년이 되는 것도 있지만, 유통기한보다 중요한 상미기간(맛있게 먹을 수 있는 기간)은 대개 분쇄한 커피의 경우 이틀을 넘길 수 없다.

원두는 로스팅 후부터 산패가 일어난다. 산패란 향기 성분의 증발, 커피성분의 변질, 산소와의 반응으로 인한 산화를 말한다. 이 중 가장 큰 문제가 산화인데, 이를 막기 위한 포장법이 많이 개발되어 있다. 산화를 방지하는 포장법에는 크게 두 가지 방식이 있다. 용기 안의 산소를 제거하고 질소를 충전하는 방식과 아예 진공포장하는 방식이다. 그러나 아무리 좋은 포장법이라고 해도 일단 개봉하면 산화를 막을 수는 없다. 원두 봉투에 들어 있는 산소 양이 얼마나 되겠냐고 하겠지만, 원두가 가득 찬 원두 봉투에 들어 있는 산소의 양은 대략 그 봉투 안에 들어 있는 원두의 10배를 산화시킬 수 있는 양이다. 분쇄한 커피의 산화 속도는 분쇄하지 않았을 때보다 급속도로 진행된다고 보면 된다.

원두는 햇빛과 반응해 화학적 변화와 수분의 변화가 일어나서 변질된다. 또한 온도가 높을 수록 변질이 빨라진다. 그래서 냉장이나 냉동 보관을 권유하기도 하는데 커피는 주변 냄새와 습기를 빨아들이는 성질이 있어서 외부 공기와 차단되는 용기를 사용하지 않으면 원두에서 냄새가 난다. 또한 냉장고에서 나오는 순간 원두와 주변 환경의 온도 차이로 원두 주변에 습기가 맺히고 원두가 그 습기를 빨아들여서 커피가 눅눅해지고 맛을 잃는다. 따라서 가능하면 냉장이나 냉동 보관은 피하는 것이 좋다. 가장 신선하게 원두를 보관하는 방법은 로스팅 후 2주 이내의 원두를 1~2주 분량 구입하고, 아로마 밸브(내부의 공기는 밖으로 내보내고 밖의 공기는 안으로 들어오지 못하게 하는 밸브)가 있는 포장재에 홀빈 상태로 햇볕이 들지 않는 서늘한 곳에 보관하고 마시기 직전에 분쇄하는 것이다.

FLANNEL DRIP 융드립

"이거 위생에 문제 없는 거야?"
정수물에 넣어 냉장 보관했던 융 필터를 꺼내자 지인 C가 묻는다. 커피물이 든 융 필터가 종이 필터에 비해 못미더운 것 같다. 보이기에는 그래 보여도 잘 관리된 상태가 맞다며 그녀를 안심시킨다. 그녀는 알까? 바디감이 좋은 이 커피를 마시기 위해서 얼마나 부지런해야 했는지를...

품명 하리오 융드리퍼 DFN-1/3

크기(지름×깊이×높이)
① 1~2인용 / 95×93×168mm
② 1~4인용 / 110×101×195mm

재질
① 드리퍼 프레임 / 스테인리스
② 융 필터 / 면(플란넬 flannel)

융드립의 구성 COMPONENTS

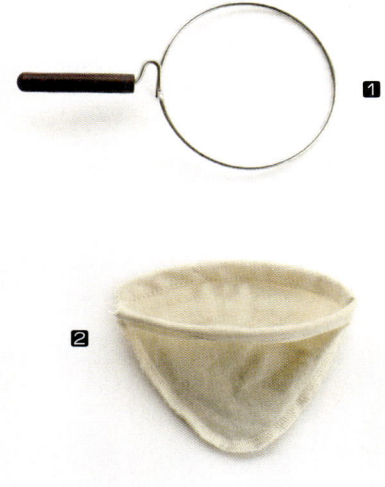

1 드리퍼 프레임 | 융 필터를 끼워서 사용할 수 있도록 손잡이가 달려 있는 일종의 드립대이다.

2 융 필터 | 드리퍼와 필터의 역할을 동시에 한다.

융드립의 역사 HISTORY

17~18세기 당시 유럽의 커피는 물에 커피가루와 설탕을 함께 넣은 다음 끓여서 마시는 터키식 커피Turkish coffee가 주류였다. 문제는 커피가루가 입안에 남기 때문에 이물감과 텁텁함이 심하다는 것이었다. 이를 없애기 위해 커피를 끓인 다음 천으로 걸러서 마시는 방법이 고안되었고, 그 이후 필터에 커피를 담고 뜨거운 물을 부어 추출하는 핸드드립이 생겼다. 당시의 핸드드립은 지금 흔히 사용하고 있는 종이 필터가 발명되기 이전으로 '플란넬'이라는 천을 필터로 사용했다. 이 추출법이 융드립의 시초라고 볼 수 있다. 융드립은 1800년대 프랑스에서 시작되었다고 알려졌지만, 정확하진 않다. 18세기 이후 유럽에서 융드립 커피가 유행했다는 정도로만 생각하면 되겠다. 영미권에서는 '플란넬'이란 천의 이름을 그대로 따서 융드립을 '플란넬드립Flannel drip'이라고 부르고, 일본에서는 마지막 음절만 따서 주로 '넬드립Nel drip'이라고 부른다.

융드립 스토리 TOOL STORY

바디감의 제왕

융드립은 핸드드립 중 가장 뛰어난 맛을 내는 드립이라는 평가를 받는다. 커피의 바디감을 느끼게 해주는 주요소인 커피오일, 기타 커피성분(불용성 고형성분)이 종이 필터에서는 걸러지는 반면 융은 특유의 조직구조로 쉽게 통과하기 때문이다. 따라서 종이 필터를 사용한 커피의 맛이 깔끔하면서도 약간 날카로운 느낌인 반면, 융 필터를 사용한 커피는 진하고 묵직하면서도 부드러운 맛을 느낄 수 있다. 그래서 융드립에는 '바디감의 제왕', '드립의 제왕' 등 화려한 수식어가 붙는다.

개성만점 융드립

다른 핸드드립 도구와 달리 융은 재질 특성상 신축성이 있어서 커피가루의 팽창이 자유롭다. 그래서 초반 뜸 들이기와 드립 방법을 어떻게 하느냐에 따라서 맛이 많이 달라진다. 예를 들어, 뜸 들이기를 할 때 드리퍼 프레임을 원 모양을 그리며 돌려주면서 물이 커피가루 사이로 골고루 퍼지게 만들기도 하며, 드립 시에는 한 방울씩 떨어뜨리는 점드립으로 내리기도 하고, 드립포트를 돌리는 대신에 드리퍼 프레임을 원형으로 돌려주는 방법도 있다. 이렇게 다양한 추출법을 자랑하는 개성만점 융드립은 일본에서 많이 사용되나, 아직 우리나라에선 관리의 번거로움 때문인지 찾아보기 쉽지 않다.

조선시대의 커피

대한민국 커피 역사는 1896년에 시작됐다고 알려져 있다. 아관파천 이후 고종황제가 러시아 공사관에서 최초로 커피를 마신 것이다. 그런데 이보다 빠른 기록도 있다. 미국인 선교사 알렌은 1884년 궁에서 홍차와 커피를 대접받았다고 자신의 책에 썼으며, 또 다른 미국인 선교사 아펜젤러는 선교 보고서에서 1888년 인천의 대불 호텔에서 일반인들에게 커피를 판매하고 있다는 기록을 남겼다. 그렇다면 조선시대의 커피는 어떤 추출법으로 내렸을까? 추출 방식에 대한 기록은 없지만 조선시대의 커피는 융드립으로 내렸을 가능성이 크다. 왜냐하면 바로 유럽의 커피문화가 터키식 커피에서 융 필터를 사용하는 핸드드립으로 넘어오는 시기와 맞물리기 때문이다. 이 때문인지 커피를 통한 고종 암살 작전을 다룬 영화 〈가비〉에서도 커피를 내리는 장면에서 융으로 추정되는 천을 이용하여 내리는 것으로 나온다.

위생이냐 맛이냐 그것이 문제로다!

융은 정수물에 넣고 냉장 보관하며 절대 말려서는 안 된다고 알려져 있다. 실제로 하리오 융드립 메뉴얼에도 "Do not allow the filter to dry"라고 쓰여 있다. 융이 마르면서 특유의 조직이 망가져 융드립만의 맛을 해칠 수 있기 때문이라고 한다. 하지만 융을 물에 넣어서 보관한다는 게 위생적으로 괜찮을까 하는 의문이 들기 마련이다. 실제로 음식 조리 시 사용하는 천이나 면은 세탁 후 햇빛에 말리는 것을 권장한다. 한 네티즌이 햇빛에 바짝 말려 보관한 융과 수돗물을 넣어 보관한 융의 위생검사를 했더니 햇빛에 바짝 말려 보관한 융은 미량의 일반 세균만 검출된 반면, 수돗물에 넣어서 보관한 융에서는 진균(곰팡이균)이 마시는 물 기준치(1ml당 100cfu)를 넘어선 1ml당 170cfu가 검출되었다. 그렇다면 물에 담궈 냉장 보관한 융으로 커피를 내리면 비위생적인가? 꼭 그렇다고 할 수는 없다. 일단 저 실험은 정수물 대신 수돗물을 사용했기 때문에 그 결과를 그대로 받아들이는 것이 무리이고, 사용 전에 융을 뜨거운 물로 린싱하는 과정에서 어느 정도의 살균 효과도 있을 것이므로 맛을 유지할 수 있는, 물에 넣은 냉장 보관법을 그대로 사용하는 것이 좋지 않을까?

사용 전에 알아야 할 것들 NOTICES

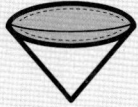

필터 안과 바깥의 차이

융 필터의 한쪽은 기모이고 다른 쪽은 면이다. 이 차이는 만져보면 확연히 드러나는데, 기모가 면보다 부드럽다. 기모 부분을 안쪽으로 놓고 커피를 내리면 추출 시간이 길어지면서 융드립 특유의 진하면서도 부드러운 맛을 살릴 수 있다. 하지만 기모를 바깥쪽으로 해서 내린다고 해도 잘못된 것은 아니다. 양쪽 면으로 다 내려보고 자신의 스타일에 맞는 쪽으로 내리면 된다. 기모가 안쪽으로 면이 바깥쪽으로 위치하게 되면, 봉재선이 바깥쪽으로 보이기 때문에 왠지 융 필터가 뒤집힌 것으로 보일 수 있으나, 사용하는 데는 문제가 없다.

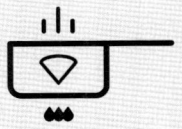

처음 사용할 때

융 필터를 처음 사용하는 경우 냄비에 담아 3분 정도 정수물로 잘 삶아준다. 그대로 사용하면 융 필터에서 천 냄새가 날 수 있으며 조직이 치밀해서 추출이 잘되지 않는다. 삶을 때 약간의 커피가루를 넣으면 천 냄새를 제거하는 데 더 효과적이다. 다 삶은 융 필터는 흐르는 물로 헹궈 가볍게 짜준다. 너무 세게 짜면 조직이 망가지니 걸레를 짜듯 짜는 것은 삼가도록 하자. 이후 수건 등으로 덮어서 살며시 눌러 물기를 빼준다. 이제 드리퍼프레임에 끼우면 사용 준비 끝!

다시 쓰는 융드립 사용법 INSTRUCTION

준비물

드리퍼, 서버, 드립포트, 융 필터, 드리퍼 프레임, 잔, 커피가루(핸드드립용보다 약간 굵은 분쇄도, 약 17g), 뜨거운 물(1인 약 200ml, 약 93~95도)

❶ 정수물에 담근 융 필터를 꺼낸 후 부드럽게 쥐어 물을 짜낸다.

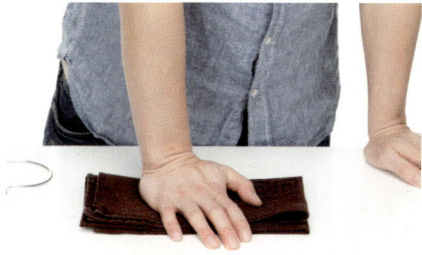

❷ 물을 짜낸 융 필터를 마른 수건으로 덮고 눌러서 수분을 최대한 제거한다.

❸ 융 필터를 드리퍼 프레임에 연결한다.

❹ 융 필터와 서버, 그리고 잔을 예열한다.

5 서버에 남아 있는 예열한 물을 버리고 커피가루를 융 필터에 넣고 커피가루 표면이 수평이 되도록 흔들어 맞춘다.

6 평소 핸드드립을 할 때보다 조금 더 가는 물줄기로 커피가루를 충분히 적실 수 있을 만큼 물을 부어 뜸을 들인다.

7 약 3회에 걸쳐 중심부에서 바깥으로 나선형을 그리면서 천천히 가늘게 물을 붓는다. 원하는 양이 추출되면 추출을 멈추고 드리퍼를 뺀다.

8 커피가 담긴 서버를 흔들어 커피 농도를 균일하게 맞춘다. 예열한 잔의 물을 버리고 커피를 따른다.

사용팁 TIPS

천이라는 특징 고려
일반 핸드드립을 하듯 내려도 큰 문제는 없지만, 아무래도 융이라는 천의 재질상 특징을 생각하여 약간의 추출팁을 활용할 수 있다. 먼저 재질 특성상 커피가루를 넣었을 때 필터의 길이가 길어짐과 동시에 물이 커피가루를 통과하는 거리가 길어진다. 따라서 원두 분쇄 시 일반 핸드드립보다 약간 굵게 해 과추출을 방지하는 것이다.

더 뜨겁게 더 얇게
추출 중 물이 빠지는 속도와 식는 속도가 빠르기 때문에 드립할 때 물줄기는 보통 핸드드립 때보다 더 높은 온도의 물을 더 얇고 천천히 신경 써서 붓는다.

커피가루의 양 = 충분한 압력
융은 일반 고체 드리퍼가 있는 핸드드립에 비해 뜸 들일 때 충분한 압력을 만들어 줄 수 있는 재질이 아니기 때문에 투입하는 커피가루를 핸드드립을 할 때보다 더 많이 넣어서 충분한 압력을 만들어 주는 것이 좋다.

구입과 관리 BUY/MAINTENANCE

1 구입

융 필터+드리퍼 프레임+전용 서버 재질에 따라서 약 5~7만 원 사이에서 구매 가능
융 필터+드리퍼 프레임 약 1만5천 원
융 필터 약 1만5천 원(3개입)

2 관리

1. 1~2일에 한 번씩 밀폐 용기의 물을 갈아준다.
2. 융의 기모는 사용할수록 마모되기 쉽고, 점차 커피의 지방 성분이 쌓이기 때문에 약 80~100회 정도 사용한 후에는 교체하는 것이 좋다.

[세척]

1. 융 필터에 있는 커피 찌꺼기를 털어낸다.
2. 흐르는 물(가능하면 정수물)로 필터에 남은 커피 찌꺼기를 남김없이 제거한다. 이때 세제 및 비누는 절대 사용하지 않는다.
3. 냄비 등 가열이 가능한 용기에 담아 정수물을 붓고 끓인다.
4. 약 10분 정도 끓인 후 식혀서 다시 한 번 흐르는 물에 씻는다.
5. 밀폐 용기에 정수물을 넣고 냉장 보관한다.
6. 다시 사용할 때는 먼저 부드럽게 짜서 끓는 물에 삶은 후 수건으로 물기를 제거하고 사용한다.

스태프 평가 STAFF'S EVALUATION

융드립을 이용해 커피를 만드는 커피프로젝트 스태프 5명에게 도구에 대해 물어보았다.

사용 편의성
■■□□□ 2.0 넉넉한 시간과 마음만 주어진다면 단연코 융드립이다.

세척 관리
■□□□□ 1.2 맛은 최고지만, 융 필터 관리가 쉽지 않다.

재미 흥미
■■■□□ 3.3 핸드드립보다 맛의 편차를 더 다양하게 낼 수 있어 흥미롭다.

경제성
■■■■□ 3.5 어쩔 수 없이 융 필터를 자주 버리고 자주 사야 한다.

디자인
■■■■□ 3.7 융드립의 위용은 커피를 내리는 사람 손에 들려 있을 때만 빛을 발한다. 안 쓸 때는 천조각일 뿐.

추천 레시피 RECOMMEND RECIPE

보통 융드립이 핸드드립보다 진하게 나오지만 평소보다 원두의 양을 조금 더 늘려 융드립을 더욱 진하게 내린 후, 부드러운 우유와 우유 거품을 올리면 에스프레소로 만들었을 때와는 색다른 느낌의 카푸치노를 맛볼 수 있다.

인터뷰 INTERVIEW

Q. 자기소개를 해주세요.

A. 하리오주식회사의 오카야스 카즈키입니다. 아시아 시장을 담당하고 있고, 커피마이스터 자격을 따면서 배운 지식을 바탕으로 영업활동을 이어가고 있습니다.

Q. 융드립은 무엇인가요?

A. 융드립의 가장 주목할 만한 포인트는 지금 세계에 퍼지고 있는 서드 웨이브3rd wave의 대표적인 추출방법인 페이퍼드립의 원형이라는 점입니다. 원래 일반적으로 알려진 융드립은 1820년 즈음 영국에서 개발된 방법으로 좀 더 간단하게 만든 것이 페이퍼드립입니다. 융드립은 추출 시간 동안 커피가루가 자유롭게 부풀어 오르고 충분히 뜸 들이는 것이 가능하기 때문에 추출된 커피 맛이 부드럽습니다. 그래서 지금도 오래된 커피집에서는 융드립을 사용하는 곳이 많습니다.

Q. 융드립을 처음 접하게 된 계기는 무엇인가요?

A. 페이퍼드립만으로 커피를 추출하고 있습니다만, 투과식 추출 방법의 원조라고 할 수 있는 융드립을 이용해 커피를 추출해보고 싶었습니다.

Q. 융드립의 장단점은 무엇이라고 생각하시나요?

A. 장점은 뜸을 들이는 동안에 커피가루가 자유롭게 부풀 수 있다는 점입니다. 단점은 융 필터를 관리하기 어렵다는 점입니다.

Q. 일반적인 융 보관법이 위생적으로 좋지 않다는 말이 있는데, 어떻게 생각하시나요?

A. 융 필터 관리가 불편하긴 하지만, 위생 면에서 말하자면 정기적으로 보존용기의 물을 갈아주고 변질되지 않도록 한다면 문제없다고 생각합니다. 사용 전에 뜨거운 물에 데치는 것으로 세균을 제거할 수 있으니 문제될 것이 없습니다.

Q. 일반인들은 융을 오랫동안 사용하지 않을 때 매번 물을 갈아주는 게 귀찮아서 냉동 보관하는 사람들이 많습니다. 어떻게 생각하시나요?

A. 간혹 냉동 보관으로 세균의 증식을 막는다고 하시는 분들도 계십니다만, 이러한 문제에 관해서도 사용 전에 뜨거운 물에 데치는 것으로 해결된다고 생각합니다.

Q. 실제로 융드립을 얼마나 사용하시나요?

A. 바쁠 때는 페이퍼드립을, 한가한 주말에는 꼭 융드립을 하고 있습니다.

Q. 융드립으로 추천할 만한 베리에이션/시그니쳐 메뉴가 있나요?

A. 조금 강하게 로스팅한 원두를 사용하여 꿀을 섞고 마지막에 시나몬가루를 뿌려 커피를 즐기고 있습니다.

Q. 융드립을 한마디로 정의하자면?

A. 드립의 원조

Q. 융드립 외에 주로 사용하는 커피도구가 있다면 무엇인가요?

A. 페이퍼드립을 하는데 간단히 융드립에 가까운 맛을 낼 수 있기 때문입니다.

Q. 커피는 어떤 의미입니까?

A. 바쁠 때 기분전환 할 수 있는 드링크!

Q. 마지막으로 한국의 융드립 사용자들에게 한 말씀해주세요.

A. 한 번 더 융드립을 유행시켜봅시다!

COFFEE LAB #6

커피의 98%는 물! 어떤 물을 쓸 것인가?

미국이나 유럽을 여행하며 정말 맛있게 마신 커피를 한국에 사 가지고 왔다. 커피를 내릴 때 옆에 지켜 서서 분쇄도와 물 온도, 내리는 시간, 물의 양 등을 체크하는 등 거의 완벽에 가까울 정도로 싱크로율을 맞췄지만, 그때 그 맛이 나지 않았다. 여행 다닐 때의 기분 탓이라고 하기에는 너무나 느낌이 달랐다. 집에서 맛있게 먹은 커피를 캠핑 때 가지고 가서 지하수로 끓였는데, 집에서 먹는 맛이 나지 않았다. 분명 집에서 쓰는 도구와 레시피로 내렸는데 말이다. 이런 경우 생각해 볼 것은 커피를 내릴 때 어떤 물을 사용했는가이다.

커피의 98% 이상이 물이다. 당연히 물에 따라 커피의 맛이 달라진다. 지하수, 생수, 수돗물, 정수는 그냥 마셔도 맛 자체가 많이 다르다. 그리고 중요한 것은 물의 성분에 따라 커피의 성분들이 용해되는 정도가 달라진다는 것이다. 광물질이 많이 녹아 있는 물은 커피성분들을 잘 녹이지 못하고, 산성도가 높은 물에서는 신맛이 난다. 그렇다면 어떤 물로 커피를 내려야 할까? 이에 대해 미국스페셜티커피협회SCAA는 커피 추출에 적절한 표준 수질을 정리했다. 냄새가 없고, 색은 투명하고, 염소는 없어야 하며, 물속에 고형분 수준은 150mg/L, 산성도는 7.0정도 등이다. 우리나라의 수질은 지역에 따라 편차는 있지만 염소 부분을 제외하고는 모든 항목에 부합한다. 염소는 소독약 같은 냄새가 있어 커피 맛에 많은 영향을 미친다. 간혹 수돗물 대신 생수로 커피를 내리는 사람들이 있는데, 우리나라 생수는 SCAA의 기준에 대부분 부합한다. 하지만 에비앙이나 기타 광물질 성분 함량이 높은 생수들은 SCAA 기준상 적합하지 않다. SCAA의 기준으로 커피를 내릴 준비를 하자면, 우리나라에서는 수돗물을 사용할 경우 끓이거나 하루 정도 놔둬 염소를 날려보내고 사용하면 된다. 또는 정수물이나 우리나라에서 생산되는 일반적인 생수를 사용하면 된다.

VIETNAM CAFE PHIN 베트남 카페핀

"술 먹은 다음 날은 아침에 이게 꼭 생각나더라?"

술을 마신 다음 날 커피프로젝트에서 베트남 커피를 맛본 H. 달콤쌉싸름한 베트남 커피의 맛에 푹 빠진 모양이다. 하지만 다른 곳에서 마신 연유커피에서는 이 맛이 안 난다며 비법을 알려달라고 한다. 난 그저 베트남 로부스타 원두로 베트남의 커피도구, 베트남 카페핀을 사용하였을 뿐이라고 알려주었다. 베트남 커피는 베트남 원두를 사용해야 한다. 그게 비법이다.

품명 베트남 카페핀

재질 스테인리스

크기(가로×세로×높이)
90×90×68mm

베트남 카페핀의 구성 COMPONENTS

1 뚜껑 | 뚜껑의 역할과 동시에 추출 중인 컨테이너를 제거해야 할 경우 뚜껑을 뒤집어 컨테이너 받침대로 활용이 가능하다.

2 스트레이너 | 커피가루의 수평을 맞춰주는 역할과 물이 커피가루에 천천히 스며들 수 있도록 조절하는 역할을 한다. 스크류Screw형과 별도의 고정장치가 없는 일반형이 있다.

3 컨테이너 | 커피가루를 넣고 물을 붓는 부분으로 드리퍼 역할을 한다. 제품에 따라 하단에 철제 필터가 추가되어 있는 것이 있다.

베트남 카페핀의 역사 HISTORY

베트남에 커피가 전파된 것은 프랑스 식민지 시절이던 1875년으로 프랑스인 선교사에 의해 커피나무가 재배되었다. 1890년대부터는 고산지대인 안남 산맥을 중심으로 역시 프랑스 식민지였던 라오스, 캄보디아와 함께 커피 재배가 활발하게 이루어졌다. 라오스, 캄보디아에 비해 커피 재배가 늦었던 베트남이지만, 우수한 지리적 조건 덕분에 지금은 세계 2위의 커피생산국이 되었다. 베트남 카페핀이 발명된 것도 베트남에서 처음 커피가 재배된 1800년대로 추정되며, 베트남 카페핀이라는 이름과 달리 캄보디아에서 만들어졌다는 설이 있다. 즉, 정확한 연도와 발명자는 모르나 확실한 것은 1800년대에 프랑스령 인도차이나 반도에서 만들어졌다는 사실이다.

베트남 카페핀 스토리 TOOL STORY

베트남의 스타벅스, 쭝우옌

1996년 6월 16일, 의대생이었던 당레응우옌부Dang Le Nguyen Vu는 스물다섯 살에 의대를 자퇴하고 친구 3명과 함께 운영하던 작은 로스팅샵에 집중하기로 결정한다. 그렇게 만들어진 게 현재 47개국에서 1천여 개의 체인점을 거느린, 베트남의 스타벅스 '쭝우옌TRUNG NGUYEN'이다. 쭝우옌 매장은 베트남 기후에 적합한 노천카페 풍의 인테리어와 베트남 전통의상인 아오자이를 입은 종업원들이 직접 서빙하는 방식으로 운영된다. 메뉴는 기본 에스프레소 베이스 음료와 각종 넌커피Non-Coffee 메뉴가 있다. 그중 대표 메뉴는 역시 베트남 카페핀을 활용한 베트남 커피이다. 흥미로운 것은 자체적으로 개발한 6가지의 원두Creative 1~5/Legendee 중에서 하나를 고를 수 있도록 해놓았으며, 원두와 연유 첨가 여부에 따라서 약간의 가격 차이도 있다.

Creative 1 | 로부스타 피베리 원두
Creative 2 | 아라비카와 로부스타 원두 블렌딩
Creative 3 | 베트남에서만 자라는 아라비카 원두
Creative 4 | 아라비카, 로부스타, 카티모르Catimor, 엑셀사Excelsa의 피베리 블렌딩 원두
Creative 5 | 아라비카 피베리 원두
Legendee | 코피 루왁의 맛과 향을 재현한 원두

G7을 향하여!

베트남 여행을 갔다 온 사람들의 대표적인 선물인 'G7'은 2003년 쭝우옌에서 개발한 커피믹스이다. G7은 미국·프랑스·영국·독일·일본·이탈리아·캐나다의 서방 선진 7개국 모임을 가리키는 고유명사인데, 바로 이 7개국의 커피 시장을 공략하겠다는 목표로 'G7'이라는 야심찬 이름을 붙였다고 한다.

베트남 최초 유럽우수농산물관리제도EUREP GAP 인증서를 획득한 쭝우옌은 위해요소 중점관리기준HACCP 인증서를 보유한 농장의 커피만 'G7'에 사용할 정도로 품질

관리에 신경을 쓰고 있다. 또한 로스팅 단계에서 백모근, 팔각회향, 초도구, 방풍, 은행, 영지버섯 등의 한약재를 독자적인 기술로 배합하여 다른 커피에서는 느낄 수 없는 특유의 맛과 향을 자랑한다. 2006년에는 아시아유럽정상회의ASEM와 아시아국가정상회담APEC 공식 커피가 될 정도로 국제사회에서도 높은 평가를 받았으며 지금도 47개국의 세계인들에게 사랑받는 인스턴트커피이다.

베트남의 카페오레, 카페수어다

우리가 주로 베트남 커피로 알고 있는 카페수어다Ca Phe Sua Da는 커피를 뜻하는 'Ca Phe', 연유(우유)를 뜻하는 'Sua', 그리고 얼음을 뜻하는 'Da'의 합성어로 무더위에 지친 베트남 사람들이 즐겨 찾는 메뉴이다. 우리나라로 치면 소주 같은 소울 푸드라고 할 수 있는데, 길거리 노점에서 고급 카페까지 다양한 곳에서 쉽게 맛볼 수 있다. 카페수어다는 프랑스 식민지 시절에 만들어진 커피이다. 당시 카페오레를 즐겨 마시던 프랑스인들은 식민지에서도 그 즐거움을 포기할 수 없었다. 하지만 베트남에는 우유를 생산할 수 있는 인프라도 없고 고온다습한 날씨 때문에 우유를 저장할 수 있는 여건도 좋지 않았다. 프랑스에서 우유를 조달하려고 시도하지만 프랑스에서 베트남까지 긴 항해 동안 우유를 상하지 않게 할 수 없었다. 결국 당시 우유의 보관성을 높이기 위해 개발된 연유를 대신 사용하기 시작했다. 연유를 넣은 커피는 강하게 볶은 로부스타의 쌉싸름하고도 강렬한 맛과 연유의 달콤함이 잘 어우러졌다. 이내 프랑스인뿐만 아니라 베트남 사람들의 입맛까지 사로잡았다. 얼음이 유통되기 시작하면서 사람들은 연유커피에 얼음을 넣기 시작했고, 오늘날까지 인기가 계속되고 있다.

오만과 편견

베트남 커피는 베트남 로부스타 원두를 쓰는 것이 정석이다. 로부스타 원두는 인스턴트에나 쓰는 질 낮은 커피라는 생각 때문에 거부감을 갖는 사람들이 있을 수 있다. 하지만 로부스타 원두라고 무조건 질 낮은 커피라고 생각하는 것은 성급한 일반화의 오류이다. 실제로 어설픈 저급 아라비카 원두보다 제대로 된 로부스타 원두가 맛도 좋고 가격도 더 비싸다. 로부스타 원두의 가치는 원두든 시럽이든 섞을 때 드러난다. 에스프레소 블렌딩에 고급 로부스타 원두를 섞으면 풍부한 크레마와 바디감을 얻을 수 있다. 에스프레소의 본고장 이탈리아에서는 실제로 고급 로부스타 원두를 10% 이상 섞은 에스프레소 블렌딩을 사용한다. 로부스타 특유의 강한 쓴맛이 우유와 어우러졌을 때는 아라비카 원두로 만든 라테보다 맛있다. 이처럼 우유나 여러 가지 시럽이 섞이는 음료에는 로부스타가 더 제격일 때가 많다고 봐도 과언이 아니다. 즉, 요리의 주재료와 조미료가 있다면 아라비카 원두는 주재료 같은 성격이고 로부스타 원두는 조미료 같은 성격이라고 할 수 있다. 따라서 아라비카 원두와 로부스타 원두는 품질의 하등이 아닌 역할의 다름으로 보는 것이 더 적절할 것이다.

사용 전에 알아야 할 것들 NOTICES

넘어갈 수 있다

베트남 카페핀의 스트레이너는 고정 장치가 없는 일반형과 스크류형이 있다. 스크류형은 스트레이너가 고정되기 때문에 추출 과정에서 옆으로 넘어질 가능성이 없지만, 일반형 스트레이너는 추출 과정에서 가스가 배출될 때 옆으로 넘어지는 경우가 있다. 따라서 일반형 스트레이너를 쓸 때 젓가락이나 스푼으로 지지대를 만들어주면서 물을 붓는 방법을 추천한다.

오랜 기다림

베트남 카페핀을 이용하면 커피를 완전히 추출하는 데까지 생각보다 오랜 시간이 걸릴 수 있다. 약 4~5분 정도 걸리는 것은 보통일 정도로 생각보다 인내심이 필요한 커피라고 할 수 있다.

다시 쓰는 베트남 카페핀 사용법 INSTRUCTION

준비물

베트남 카페핀, 컵, 커피가루(가늘게 분쇄한 핸드드립용, 약 10~15g), 뜨거운 물(90~92도, 약 100ml), 연유(15~20g), 얼음, 드립포트, 스푼

1 컵 안에 연유를 약 15~20g 정도 짜준 후 베트남 카페핀을 컵 위에 올려놓는다.

2 뚜껑을 연 베트남 카페핀에서 스트레이너를 뺀 후 커피가루를 넣는다. 살짝 흔들어서 원두 표면의 수평을 맞추고 스트레이너를 원두층 위에 놓는다.

3 중앙에서 바깥쪽으로 나선형을 그리면서 약간의 물을 부어 뜸을 들인다.

4 30초 정도 뜸이 들 때까지 기다린다.

5 중앙에서 바깥쪽으로 나선형을 그리면서 스트레이너 손잡이가 물에 잠기지 않게 베트남 카페핀 양옆의 고무 마개까지 물을 채운 후 뚜껑을 닫는다.

6 추출이 완료된 베트남 카페핀을 제거하고 추출된 커피와 연유를 스푼으로 섞어준다.

사용팁 TIPS

© photo by Andrea Schaffer

현지의 맛

레시피대로 했더니 베트남 현지에서 마셨던 맛이 나지 않는다고 느낄 수 있다. 왜냐하면 현지에서 사용한 원두와 연유를 사용한 게 아니기 때문이다. 현지의 맛을 느끼고 싶다면 우선 원두를 바꿔야 한다. 베트남에서는 원두 상태가 좋지 않아, 원두에 인공적으로 향을 입히는 경우가 많다. 더러는 좋은 원두에도 단순히 맛을 위해 향을 첨가하는 경우도 있다. 또한 연유도 베트남에서 유통되는 것과 우리나라에서 유통되는 제품의 차이가 크다. 기본적으로 베트남 제품들이 단맛이 더 강하고 인공감미료 등이 더 들어 있다. 추출 방법도 조금 다르다. 베트남에서는 원두를 더 가늘게 분쇄하여 추출 시간을 늘린다. 가늘게 분쇄한 만큼 추출 시간이 길어진다. 또 한 번에 물을 붓는 것이 아니라 조금씩 여러 번에 나누어 붓는 방법을 쓰기도 한다. 건강과 시간을 위해 현지의 맛은 현지에서만 즐기는 것으로 하자.

구입과 관리 BUY/MAINTENANCE

1 구입

[베트남 카페핀]

저가형 약 5~6천 원, 고가형 약 2~3만 원

2 관리

별도의 관리법은 없지만 커피 찌꺼기를 버리는 과정에서 스트레이너를 함께 버리기 쉬우니 주의하자.

[세척]

1. 스트레이너를 꺼낸 후 베트남 카페핀에서 커피 찌꺼기를 제거한다.
2. 스트레이너와 베트남 카페핀을 부드러운 수세미로 세척한다.
3. 완전히 마를 때까지 건조대에서 말린다.

스태프 평가 STAFF'S EVALUATION

베트남 카페핀을 사용해 커피를 만드는 커피프로젝트 스태프 5명에게 도구에 대해 물어보았다.

사용 편의성
■■■■◨ 4.5 물만 부을 줄 알면 커피를 내릴 수 있다.

세척 관리
■■■■◨ 4.5 구조도 간단하고, 재질도 부식되지 않고, 세척도 간편하다.

재미 흥미
■■■■☐ 3.8 카페핀에서 떨어지는 커피 방울을 보고 있으면 마음이 정화되는 것 같다.

경제성
■■■■☐ 3.9 한여름에는 얼음 타서 이거 한잔이면 끝! 그런데 연유가 싸지 않다.

디자인
■■■☐☐ 3.1 싼 게 비지떡. 메이드 인 베트남이 그리 정교하거나 예쁘지는 않다.

추천 레시피 RECOMMEND RECIPE

달콤쌉싸름한 베트남 로부스타 원두와 달콤한 연유, 그리고 시원한 얼음이 조화를 이룬 카페수어다. 이미 수많은 사람들에게 검증받았다!

COFFEE LAB #7

커피 고수되기

커피 고수는 다른 사람의 취향을 듣고 그에 맞는 커피를 내려줄 수 있는 사람이다. 이때도 가장 기본이 되는 추출 방식으로 맛을 보여주고, 그 맛에 근거해서 좀 더 신맛 혹은 쓴맛, 바디감을 조절하는 변수들을 바꿔 취향을 맞춰줄 수 있어야 한다. 한마디로 커피 고수란 커피에 관련된 변수들을 잘 이해하고 그 변수들을 조절해서 커피를 내릴 수 있는 사람이다. 커피 고수가 되는 시작점은 가장 기본이 되는 커피 추출 방법을 정하는 것이다. 예를 들어, 핸드드립을 내린다고 할 때 뜸 들이기 30초, 총 추출 시간 2분 30초, 물과 커피의 비율 1:15, 물 온도 90도, 분쇄도 4 등으로 기본 추출 방법을 설정해 놓는 것이다. 이렇게 기본 세팅을 해 놓고 새로운 원두로 커피를 내려 맛을 보면 원두의 특징을 알 수 있게 된다. 좀 더 신맛을 원한다면 분쇄도를 약간 더 굵게, 내리는 시간을 더 짧게, 물 온도를 약간 낮게 해서 내린다. 반대로 쓴맛을 늘리고 싶다면 물 온도를 좀 더 높이고, 추출 시간을 늘리고, 분쇄도를 더 가늘게 해본다. 이렇게 기본 추출 방법을 토대로 원두별 특징에 따라 추출 방법에 변화를 줄 수 있게 된다. 이러한 과정을 몇 번 거치면 새로운 원두에 가장 적합한 방식의 레시피를 찾을 수 있다.

가장 기본이 되는 추출법이 중요한 이유는 커피 맛의 기준점이 되기 때문이다. 기본 추출법으로 기준점을 잡아 놓고 원하는 맛으로 어떻게 이동할 것인지에 대해 생각할 수 있기 때문이다. 기본 추출법이 몸에 배게 하자. 그리고 커피 변수들을 경험적으로 익히자.

DUTCH COFFEE 더치커피

"여기 술 들어갔지? 그치?"

더치커피를 처음 마셔보는 N씨. 부드러운 목넘김과 숙성된 풍부한 맛에 술을 섞어 만들었다고 생각한 모양이다. 아니라고 해도 장난치지 말라며 자꾸만 의심스러운 눈초리를 보내는 N씨. 잘 숙성된 더치커피 탓에 거짓말쟁이로 몰릴 뻔했다.

품명 하리오 클리어 더치 WDC-6

재질 내열유리, 아크릴, 실리콘

크기(가로×세로×높이)
155×190×520mm

더치도구의 구성 COMPONENTS

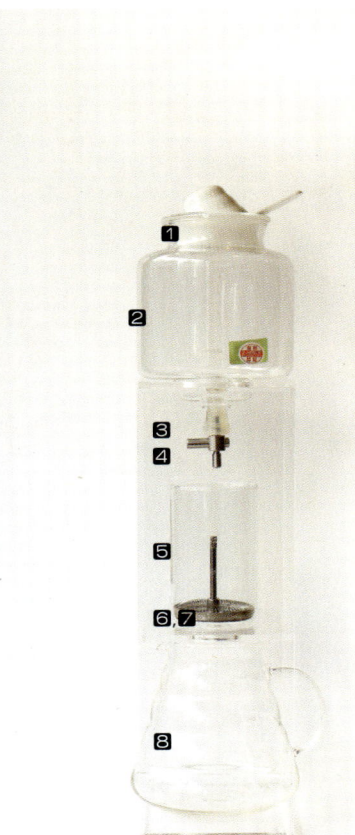

1 뚜껑 | 워터바스켓과 서버에 이물질이 들어가지 않도록 해주는 역할을 하는 실리콘 고무패킹 뚜껑. 추출 시에는 워터바스켓에, 추출이 끝난 커피를 보관할 때는 서버에 사용한다.

2 워터바스켓 | 약 850ml의 물을 담을 수 있는 상단 볼. 유리 용기이다.

3 실리콘 결합 마개 | 워터바스켓 하단에 장착하여 밸브와 적절한 결합을 하게 만든다. 작은 부분을 워터바스켓 하단에 넣고 튀어나온 큰 부분을 바깥쪽으로 뒤집어 장착한다.

4 밸브 | 물줄기를 조절하는 철제 밸브. 밸브를 수직으로 올리면 물이 나오고, 수평으로 내리면 물이 멈춘다.

5 커피바스켓 | 커피가루를 담는 공간으로 약 80g까지 담을 수 있다.

6 철제 필터 | 커피바스켓 내부에 자리 잡고 있으며 커피가루가 서버로 떨어지는 것을 막아준다.

7 종이 필터 | 커피바스켓에 커피가루를 넣은 후 그 위에 올려준다. 워터바스켓에서 떨어진 물이 커피가루에 골고루 퍼지게 한다.

8 서버 | 추출된 더치커피가 떨어지는 곳. 약 850ml까지 담을 수 있다.

9 스탠드 | 각 부품들을 고정/지탱해주는 역할을 하는 아크릴 프레임이다.

더치커피의 역사 HISTORY

"더치커피는 1600년대 네덜란드 선원들이 당시 식민지인 인도네시아에서 유럽으로 커피를 운반하던 중에 배에서 뜨거운 물 없이도 커피를 쉽게 마시기 위해 고안한 것이다. 차가운 물로 내린 커피는 맛도 부드럽고 향도 풍부해서 선원들은 물론 일반인들까지 즐겨마셨다고 한다."

더치커피의 탄생 비화로 자주 나오는 이 이야기는 일본의 커피업체에서 더치커피를 홍보하기 위해서 만든 마케팅 수단 중 하나였다. 실제로 네덜란드를 비롯한 서양에서는 일본의 점적식(차가운 물을 한 방울씩 떨어뜨리는 추출법)이 아닌 '콜드브루Cold-Brew'라고 하는 침출식(커피가루를 차가운 물에 장시간 담궈서 우리는 추출법)의 더치커피가 주를 이룬다. 게다가 더치커피란 용어도 없다. 오히려 네덜란드 커피업체에서는 일본식 더치커피의 탄생 비화를 듣고 마케팅에 사용하려는 움직임을 보였다고 한다.

그렇다면 도대체 더치커피의 시작은 언제 어디에서였을까? 침출식 더치커피는 미국에서 처음 상용화되었다. 1964년 코넬대에서 화학을 전공한 토드 심슨Todd simpson이 고대 페루의 농축커피를 맛보고 영감을 받아 만든 '토디Toddy'가 그것이다. 토드 심슨은 커피 애호가이지만 위장이 약한 아내를 위해 속이 편한 커피를 만들기 위해 노력하다 최초의 침출식 더치커피를 발명하기에 이른다.

점적식 더치커피는 정확히 누가 언제 만들어낸 방법인지 알 수 없다. 다만 서양에서 일본식의 더치커피를 '교토 스타일 커피Kyoto-style coffee', '교토 커피Kyoto coffee'로 부르고 교토의 가장 오래된 카페들이 1930~40년대에 문을 연 것으로 미루어볼 때 1930~40년대에 일본 교토에서 처음 시작되지 않았을까 하고 추측해 볼 수는 있지만, 정확한 시초는 알 수 없다.

더치커피 스토리 TOOL STORY

더치커피는 저카페인이다?

더치커피는 카페인 함량이 낮다고 알려져 있다. 물의 온도가 낮을수록 용해되는 카페인의 양이 현저하게 낮기 때문이다(카페인이 용해되는 최적의 물 온도는 섭씨 80도 이상이다). 하지만 차가운 물로 추출되는 적은 양의 카페인도 장시간 추출로 누적되면 그 양을 무시할 수 없다. 그래서 더치커피가 카페인이 더 많은 커피라는 주장도 있으며, 이를 뒷받침하는 실험결과들도 종종 볼 수 있다. 그러나 더치커피는 제조하는 곳마다 사용하는 원두, 물방울을 떨어뜨리는 간격, 총 추출 시간 등이 다르기 때문에 카페인의 양은 카페마다 천차만별일 수밖에 없다. 그러니 카페인에 예민하다면 더치커피보다는 디카페인 커피를 마시는 게 좋다.

커피의 와인

더치커피는 냉장 숙성시켜 마시는 커피로, 흔히 '커피의 와인'이라고 부르기도 한다. 그도 그럴 것이 동일한 조건에서 추출한 더치커피라 해도 숙성 기간에 따라 맛이 변하기 때문이다. 동일한 조건에서 추출한 더치커피를 각각 1일, 1주, 2주, 1달로 숙성시켜 블라인드 테이스팅을 했을 때 각각의 맛과 향이 다른 것은 물론 취향에 따라 선호하는 숙성 기간도 달랐다. 더치커피는 숙성되면서 커피성분들의 분자량이 커져 처음 내렸을 때보다 목 넘김이 부드러워지고, 커피성분들이 안정화되면서 맛은 더 분명해진다. 그러나 2주 정도 지나면 맛을 잃기 시작하는데, 이 시기부터는 맛이 밋밋해진다고 표현한다. 보통 일주일 숙성시킨 더치커피가 가장 맛있다고 한다. 숙성 기간이 1개월 정도 지나면 상하기 시작한다. 그래서 일반적으로 약 1개월 정도를 더치커피의 유통기한으로 잡는다. 또 한 번 개봉한 더치커피는 가능한 한 빨리 마시는 게 좋은데, 마실 때마다 뚜껑을 열었다 닫았다 하면서 공기 중의 곰팡이가 커피 안으로 들어와 번식하기 때문이다. 더치커피의 산패를 방지하기 위해서는 밀폐용기에 담아서 냉장 보관해야 하며, 한번 개봉한 커피는 가능한 한 빨리 마셔야 한다.

더치커피는 차갑게?

대부분의 카페에서 더치커피를 아이스Ice용으로 판매한다. 더치커피를 뜨겁게 할 경우 특유의 향이 날라가 더치커피의 고유한 맛을 느낄 수 없기 때문이다. 그러나 따뜻한 더치커피도 가능하다. 더치 원액을 뜨거운 물에 부어서 마시거나, 중탕을 해 향이 날아가는 것을 최소화해 마셔보자. 더치커피의 또 다른 매력을 만날 수도 있다.

점적식 vs 침출식

일반적으로 더치커피는 점적식으로 한 방울씩 물을 떨어뜨려서 뽑아내는 방식이다. 점적식 더치커피는 침출식에 비해 추출도구가 비싸고 추출방식과 세척 및 관리가 까다롭지만, 침출식에 비해 깔끔한 맛과 풍부한 향을 자랑한다. 이에 반해 침출식 더치커피는 비교적 저렴한 도구로 손쉽게 만들수 있고 세척 및 관리가 용이하지만, 과추출로 쓴맛과 잡미가 섞일 가능성이 있기 때문에 우려내는 타이밍을 잘 잡아야 하다는 어려움이 존재한다.

점적식과 침출식, 어느 쪽을 선택해도 차가운 물로 내린 커피이기 때문에 뜨거운 물로 내린 커피에 비해 향을 잘 머금고 커피오일과 지방산이 적어 위장에 덜 부담스러운 것은 동일하다.

사용 전에 알아야 할 것들 NOTICES

홍수주의보

점적식 더치커피를 추출하다 보면 종종 커피바스켓에 물이 넘치는, 흔히 '홍수'라고 부르는 상황을 맞이하게 된다. 홍수의 원인은 가스가 빠지지 않은 갓 볶은 원두를 사용해 커피가 과하게 부풀어오르는 경우, 분쇄도가 너무 조밀하거나 탬핑을 과하게 해서 물이 잘 빠지지 않는 경우, 미분이 하단 필터를 막는 경우, 물방울이 떨어지는 속도가 너무 빠른 경우 등 다양하다. 홍수를 발견하는 즉시 워터바스켓의 조절 나사를 잠궈 더 이상 물이 떨어지지 않게 하고, 커피바스켓 안을 긴 스푼으로 저어 물이 빠지기를 기다리는 수밖에 없다. 이렇게 해도 물이 빠지지 않는다면 필터나 분쇄도에 심각한 문제가 있다는 뜻이니 지금 내리고 있는 더치커피는 포기하고 과감하게 커피바스켓을 비워야 한다. 커피 홍수를 예방하기 위해서는 갓 볶은 원두(로스팅한 후 24시간 이내)의 사용을 지양하고, 물이 커피바스켓 커피가루의 표면보다 차지 않을 정도로 물방울 속도를 조절하고, 커피 분쇄도를 더 굵게 해주거나 원두 분쇄 후 고운 채를 이용해 미분을 걸러주는 방법 등이 있다.

물방울 체크

워터바스켓에서 물이 떨어지는 속도를 조절하고 몇 시간이 지난 후, 경우에 따라 밸브에서 물이 떨어지지 않고 멈춰버리는 현상을 겪을 수 있다. 여러 가지 원인이 있겠지만 기본적으로 수압의 변화로 일어난 현상이다. 1L의 수압과 500ml의 수압이 다른 것처럼 물이 떨어지면서 수압은 점점 약해질 것이고, 이로 인해 물이 떨어지는 속도도 줄어들다가 어느 시점에는 멈추고 만다. 이럴 때는 약 1~2시간 정도의 텀을 갖고 밸브를 체크하는 수밖에 없다. 만약 그럴 상황이 안 된다면 물이 떨어지는 속도를 다소 빠르게 해주면 된다. 다만 이럴 경우 일관된 맛을 유지하기 힘들고, 홍수의 위험성이 있다는 것은 명심해야 한다.

다시 쓰는 더치커피 사용법 INSTRUCTION

준비물

커피가루(핸드드립과 에스프레소 사이 분쇄/200g), 차가운 물, 종이 필터, 더치 탬퍼, 더치도구

1 커피바스켓에 필터를 장착한다.

2 커피가루를 커피바스켓에 담는다. 커피가루는 약 80g까지 담을 수 있다.

3 더치 탬퍼로 커피바스켓에 넣은 커피가루를 살짝 눌러 표면이 수평을 이루도록 고르게 만든다. 더치 탬퍼가 없다면 숟가락 뒷면으로 조심스럽게 눌러주자.

4 커피가루 위에 더치용 종이 필터를 올린다. 만약 더치용 종이 필터가 없다면 일반 종이 필터를 커피바스켓 크기에 맞게 잘라 써도 된다.

5 워터바스켓에 물을 담는다. 커피가루와 물의 비율은 진한 맛을 원한다면 1:5, 가벼운 맛을 원한다면 1:10으로 한다. 추출되지 않고 커피가루가 머금게 되는 물의 양을 생각하여 원하는 비율보다 조금 더 물을 더 넣어주자.

6 물방울을 2초에 한 방울로 조정한다.

7 수압에 의해 물방울 속도가 점점 느려지기 때문에 2~3시간마다 물방울을 체크하면서 2초당 한 방울로 조정한다.

8 더치커피가 다 추출될 때까지(약 6~24시간 정도) 기다린 후 추출된 커피를 잘 흔들어서 전체적인 농도를 일정하게 맞추고 밀폐용기에 옮겨 냉장 보관한다.

사용팁 TIPS

경제적 대안

커피바스켓 위에 올리는 종이 필터는 칼리타에서 판매하는 원형 커피 필터나 에어로프레스 필터를 사용하면 간편하다. 손쉽게 구할 수 있는 핸드드립용 종이 필터를 가위로 오려서 사용해도 된다. 더치 탬퍼도 구입하면 좋겠지만, 숟가락이나 텀블러 혹은 컵의 바닥 면을 이용해도 된다.

변칙 레시피

많은 사람들이 고가의 더치도구를 사지 않고도 더치커피를 즐기기 위해서 여러 가지 방법들을 고안해냈다. 프렌치프레스가 있다면 커피가루와 차가운 물을 1:11의 비율로 섞은 후 냉장고에 보관하자. 수 시간 후에 철제 필터를 내려서 커피가루를 걸러내면 침출식 더치커피가 완성된다. 또한 에어로프레스가 있다면 리버스 사용법(56쪽 에어로프레스 사용팁 참고)으로 더치커피를 만들자. 커피가루 15g과 차가운 물 150ml를 넣고 잘 섞어준 후 4분 뒤 추출하면 끝! 이 또한 사치라면 '수액세트 더치', '패트병 더치'를 찾아보자. 약간의 노력이 필요하지만, 만 원도 안 되는 가격에 더치도구를 만들 수 있다.

구입과 관리 BUY/MAINTENANCE

1 구입

[더치도구]

점적식 더치도구는 용량과 재질, 그리고 제조사에 따라서 가격의 편차가 크다.

저용량 실속형 더치도구 약 2~4만 원

저용량 고급형 더치도구 약 10~20만 원

중용량 고급형 더치도구 약 20~40만 원

대용량 고급형 더치도구 약 50~200만 원

[소모품]

더치 탬퍼 약 2~5만 원

원형 종이 필터 약 4~6천 원(100매)

워터바스켓, 커피바스켓, 서버 등은 본품의 약 1/3 가격에 따로 구입할 수 있다.

2 관리

[세척]

1. 커피바스켓의 종이 필터를 제거하고 커피 찌꺼기를 버린다.
2. 철제 필터를 커피바스켓에서 꺼내서 반시계 방향으로 돌려서 분리한 후 물로 씻는다.
3. 커피바스켓과 서버는 중성세제와 막대 세척솔을 이용하여 씻는다.
4. 워터바스켓은 평소에는 잘 건조시키고 2주에 한 번씩 중성세제와 막대 세척솔을 이용하여 씻는다.
5. 완벽하게 마를 때까지 건조대에서 말린다.

스태프 평가 STAFF'S EVALUATION

더치도구를 사용해서 커피를 만드는 커피프로젝트 스태프 5명에게 도구에 대해 물어보았다.

사용 편의성
■■☐☐☐ 2.1 큰 맘 먹고 한 번 내리면 일주일 동안 편하다.

세척 관리
■■◧☐☐ 2.5 유리라 너무 조심스럽고, 세척해야 할 것도 많다.

재미 흥미
■■■■☐ 4.1 진한 커피 방울이 떨어지는 것을 보면 시간 가는 줄 모른다.

경제성
■■◧☐☐ 2.3 아무리 싼 제품도 싸지 않다는 게 흠이다.

디자인
■■■■◧ 4.2 더치도구가 서 있으면 그곳이 바로 인테리어 포인트가 된다.

추천 레시피 RECOMMEND RECIPE

바닐라 아이스크림에 물과 커피가루를 1:5 비율로 뽑은 진한 더치를 부어 먹는 더치 아포가토. 차가운 더치커피가 아이스크림을 천천히 녹여서 더욱 맛있다.

COFFEE LAB #8

커피 등급

커피는 농산물이다. 그래서 좋은 커피와 그렇지 못한 커피를 분류하는 기준이 있다. 기본적으로 커피는 맛으로 평가한다. 그런데 맛에 대한 평가는 당연히 포함하지만, 동시에 맛에 영향을 미치는 요소들을 평가의 기준으로 삼는 경우가 많다. 그 요소들을 기준으로 나라별로 평가하는 기준이 다르다. 생두는 크기가 클수록, 생산된 고도가 높을수록, 나쁜 맛을 내는 결점두와 이물질 수가 적을수록 높게 평가한다. 다음은 주요 커피 생산국들의 등급과 분류 기준이다.

주요 커피 생산 국가들의 등급 분류 및 분류 기준

국가	분류 기준	등급	등급 기준	참고
브라질	생두 300g당 결점두의 수	No.2 No.3 No.4 No.5 No.6	4개 이하 5~12개 13~26개 27~46개 47~86개	결점두뿐만 아니라 생두의 색(10단계)과 맛을 포함하여 평가. 공식적으로 No.1 등급은 없다.
코스타리카	커피 재배지의 해발고도	SHB(Strictly Hard Bean) GHB(Good Hard Bean) HB(Hard Bean) MHB(Meduim Hard Bean) HGA(High Grown Atlantic)	1,200~1,650m 1,100~1,250m 800~1,100m 500~1,200m 900~1,200m	해발고도에 따라 커피의 조밀도(단단함)가 달라지는데 높은 고도일수록 단단하고 좋은 품질로 평가된다. 해발고도가 낮아도 단단하면 높은 평가를 받기도 한다.
콜롬비아	스크린 사이즈 (생두의 크기, 1스크린=0.4mm)	Premuim Supremo Extra European U.G.Q.(Usually Good Quality)	18 17 16 15 14	500g 중 결점두의 수에 따라 등급을 평가하기도 한다. 흔히 알고 있는 엑셀소는 수출가능한 모든 커피를 말한다(Extra, European, UGQ 등급까지 포함).
과테말라	커피 재배지의 해발고도	SHB(Strictly Hard Bean) HB (Hard Bean) SH(Semi Hard Bean)	1,400m 이상 1,200~1,400m 1,000~1,200m	7등급으로 구분되며 SHB, HB, SH 프리미엄 등급으로 분류된다.

국가	분류 기준	등급	등급 기준	참고
에티오피아	생두 300g당 결점두의 수	Grade 1 Grade 2 Grade 3 Grade 4	3개 이하 4~12개 13~25개 26~45개	Grade를 간단히 G로 표기하기도 한다. 에티오피아 커피는 산지별로 뚜렷한 맛의 차이를 가지고 있다.
케냐/ 탄자니아	스크린 사이즈	AA A B C	18 이상 17 15~16 14	PB(피베리)는 별도로 등급 부여. *피베리: 한 개의 커피체리에 보통 2개의 생두가 들어 있는데, 피베리는 1개가 들어 있다.
하와이	스크린 사이즈와 300g당 결점두의 수	Kona Extra Fancy Kona Fancy Kona Calacoli No.1 Kona Prime	19이상 / 결점두 10개 이내 18이상 / 결점두 16개 이내 10이상 / 결점두 20개 이내 ~ / 결점두 25개 이내	하와이의 다른 섬에서 재배되는 커피들은 섬 이름과 품종으로 상품화하는 경우도 있다.
인도네시아	생두 300g당 결점두의 수	Grade 1 Grade 2 Grade 3 Grade 4a Grade 4b	11개 이하 12~25개 26~44개 45~60개 61~80개	코피 루왁은 별도의 등급 체계를 따른다.

요즘에는 이러한 등급 분류 기준을 넘어서서 각종 경연대회에서의 순위와 마이크로 랏(고품질 소규모 생산 농장)으로 대변되는 독자적인 농장 브랜드가 스페셜티 커피시장을 선도하고 있다.

커피 등급과 별개로 중요한 요소는 수확 시기이다. 아무리 좋은 등급의 생두라 하더라도 오래전에 수확한 생두라면 좋은 품질을 기대하기 어렵다. 생두는 수확한 후 1년이 안 된 것을 뉴크롭new crop, 1~2년 사이를 패스트크롭past crop, 3년 이상된 묵은 것을 올드크롭old crop이라 부른다. 수확 시기가 두 해에 걸치는 것도 있다. 예를 들어 2014년 후반부터 2015년 초반까지 수확한 커피는 14-15같은 방식으로 표기한다. 이 경우 15-16이 생산될 때까지, 그러니까 2015년 말까지는 뉴크롭이라 불린다.

SYPHON 사이폰

"우와~ 신기하다! 내 핸드폰 어디있지?"
처음 사이폰을 접한 P씨. 탄성을 지르며 재빨리 핸드폰을 꺼내 사진을 찍는다. 마치 유명 가수의 콘서트에 온 것처럼 핸드폰으로 추출 과정 하나하나를 놓치지 않고 촬영하려는 모습에서 흥분된 기색을 엿볼 수 있다.
누구에게나 그런 순간이 존재한다. 스마트폰을 처음 접했을 때, 3D 영화를 처음 보았을 때, 그리고 사이폰 커피를 처음 접했을 때가 바로 그러하다.

품명 하리오 사이폰 2인용(HARIO TCA-2)

재질 열탕용 유리, 폴리프로필렌, 고무, 스테인리스, 천

크기(높이×받침 높이×윗지름)
345×190×87mm

사이폰의 구성 COMPONENTS

1 뚜껑 | 로드의 뚜껑이지만, 추출 후에 뚜껑을 뒤집으면 로드 거치대로 쓰인다.

2 로드 | 추출 시 물이 올라오는 상단 파트. 필터 장착과 커피가루가 들어가는 부분이다.

3 플라스크 | 커피가 추출되는 하단 파트. 물을 넣고 램프로 가열하는 부분이다. 추출량에 따른 계량 표시가 되어 있다.

4 스탠드 | 연결 부위의 너트의 조임을 통해 플라스크를 고정하는 역할을 한다.

5 융 필터 세트 | 융 필터와 이를 고정시킬 수 있는 메탈 필터 세트. 로드 하단에 메탈 필터의 스프링고리를 연결하여 필터를 고정시키며, 추출 시 커피 찌꺼기를 거르는 역할을 한다. 융 필터 이외에 종이 필터도 사용 가능하지만 별도로 구입해야 한다.

6 알코올램프 | 플라스크의 물을 가열하는 역할을 한다. 알코올이 들어 있지 않기 때문에 별도의 알코올 구입이 필요하다.

7 계량스푼 | 사이폰 커피 1인분을 위한 10g의 커피가루를 담을 수 있다.

사이폰의 역사 HISTORY

사이폰은 일본에서 가장 많이 사용되기 때문에 일본에서 만들어진 기구라고 생각하기 쉽다. 하지만 예상과 달리 유럽에서 개발된 도구이다. 1840년경 스코틀랜드 출신 해양 엔지니어 로버트 네피어Robert Napier가 개발했다고 알려졌는데, 엄밀히 따지면 반은 맞고 반은 틀린 말이다. 왜냐하면 네피어가 개발한 사이폰은 우리가 알고 있는 사이폰과는 조금 다른 형태의 밸런싱 사이폰Balancing Syphon이기 때문이다.

그렇다면 우리가 흔히 알고 있는 형태의 사이폰은 누가 발명했을까? 정답은 1830년대 독일 베를린에 거주했던 로에프Loeff라는 이름의 남자다. 당시 사이폰은 커피가 아니라 분자 칵테일(분자화학 기법을 적용한 알코올음료)을 만드는 데 주로 쓰였다. 그 후 1841년 프랑스의 배쉬 여사Madame Vassieux가 두 개의 둥근 유리관으로 이뤄진 프렌치 벌룬French Balloon을 개발했는데, 이것이 지금 사용하고 있는 사이폰과 가장 가까운 모형이라고 할 수 있다. 프렌치 벌룬 이후 한동안 손잡이 모양, 스탠드의 재질 등 작은 부분의 개발이 이어졌다.

1900년대에는 유럽에 이어 미국에서도 사이폰의 인기가 높아졌고, 1915년에는 미국에서 장시간 고온을 견딜 수 있는 강화유리로 만든 사이폰이 개발되면서 여러 유리 회사에서 여러 종류의 사이폰을 내놓으며 특허 전쟁을 벌이곤 했다. 20세기 들어서 일본의 여러 회사가 사이폰을 내놓기 시작했는데, 1952년 고노의 사이폰으로 일본 내 대중화가 이루어졌다. 우리나라는 일본을 통해 전해져 1970~1980년대 다방에서 쉽게 볼 수 있었다.

사이폰 스토리 TOOL STORY

이름이 뭐예요?

사이폰의 본래 이름은 '베큠 브루어Vacuum Brewer'이다. 미국과 유럽에서는 진공식 추출방식의 특징을 살려 '진공Vacuum'이 덧붙여진 '베큠 커피 메이커Vacuum Coffee Maker', '베큠 팟Vacuum Pot' 등으로도 불린다. 그렇다면 사이폰이란 말은 어디서 나온 것일까?

사이폰이 사이폰으로 불리기 시작한 것은 일본에서 사이폰의 대중화를 이끈 고노 사가 제품의 이름을 '사이폰Syphon'으로 지었기 때문이다. 3M의 '스카치 테이프'가 접착용 셀로판 테이프를 총칭하는 일반명사화된 것과 같은 것이다.

7080 다방커피, 사이폰

우리나라의 커피문화 대부분은 일본에서 건너왔다. 그중 하나가 바로 사이폰인데, 실제 1970~80년대만 해도 대학가의 다방을 중심으로 사이폰 커피가 유행했다고 한다. 하지만 1990년대로 넘어오며 수입자유화 정책으로 추출과 관리가 더욱 간편한 커피메이커가 사이폰의 자리를 대신하면서 사이폰은 그 자취를 감추기 시작했다. 그러나 최근 들어 커피의 고급화가 트렌드가 되면서 로스터리 카페는 물론 프랜차이즈 카페에서도 사이폰을 사용하는 추세이다.

ⓒ photo by Nan Palmero

커피 추출 미학의 정점을 보여주마

밸런싱 사이폰은 로드와 플라스크의 역할을 하는 보일러와 유리 카라페Carafe가 '위 아래'가 아닌 '양옆'으로 달려 있는 형태이다. 추출 과정에서 물이 양옆으로 왔다갔다 하면서 로드와 플라스크가 시소를 타는 것처럼 올라갔다 내려갔다 하며 균형을 맞추기 때문에 밸런싱 사이폰이라고 불린다. 밸런싱 사이폰은 기존 사이폰에 비해 고급스러운 디자인과 보다 화려한 추출 과정을 자랑한다. 추출 시 보일러에서 유리 카라페로 모든 물이 옮겨져 가벼워진 보일러가 위로 올라가면서 보일러 아래에 있던 알코올램프의 마개가 자동으로 내려와 불을 끄는 장면과, 유리 카라페에서 다시 보일러로 커피가 빨려들어가는 모습은 모든 커피도구를 통틀어서 최고의 장면이라 할 수 있다.

또한 금색이나 은색만을 사용한 고급스러운 디자인은 '비엔나 로얄 밸런싱 사이폰'이라는 휘황찬란한 또 다른 이름으로 불리는 이유이기도 하다. 하지만 그만큼 추출이 번거롭고 세척 및 관리도 까다로우며 가격도 기존 사이폰의 2~3배에 달한다. 그래서인지 야심차게 구매했던 사람들도 결국 커피 추출용으로 쓰기보다는 인테리어 소품이나 정말 귀한 손님이 왔을 때만 사용한다고 한다.

영화 속 사이폰

영화 〈버킷 리스트Bucket List〉에는 사이폰이 등장한다. 소품 정도로 그치는 것이 아니라 클로즈업까지 될 정도다. 극중 재벌 사업가 에드워드가 병실에 입원할 때, 그의 비서가 고급스러운 가방에서 황금빛 밸런싱 사이폰과 코피 루왁을 꺼내 창가에 놓는 장면이다. 밸런싱 사이폰의 고급스러운 이미지가 에드워드의 부유함을 더해준 건 두말하면 잔소리다. 그후 카터가 에드워드에게 밸런싱 사이폰에 대해서 물으면서 커피의 기원에 대한 대화를 나누는 장면이 이어진다.

분자 핫 칵테일 만들기

사이폰은 개발 초기에 커피가 아닌 분자 칵테일을 만드는 용도로 쓰였다. 말인즉슨 사이폰을 사용하여 멋진 핫 칵테일을 만들 수 있다는 것이다. 여러 가지 레시피가 있지만 마른 재료는 로드에, 액체 재료는 플라스크에 넣어서 끓여낸다고 생각하면 된다. 인터넷에 공개된 오픈 레시피 하나를 살펴보자.

플라스크에 들어가는 액체 재료	로드에 들어가는 마른 재료
진 90㎖	재스민 꽃 1개
설탕 시럽 90㎖	말린 라벤더 꽃봉오리 1/2큰술
물 300㎖	얇게 썬 양강근 25g
	길게 반으로 자른 레몬 그라스 한 줄기
	레몬 1개의 껍질

1. 액체 재료를 섞어서 플라스크에 넣는다.
2. 로드에 필터를 장착한 후 마른 재료를 넣고 플라스크와 로드를 결합시킨다.
3. 플라스크를 가열하다가 액체가 로드로 올라오면 나무막대 등으로 부드럽게 저어준다.
4. 2분 정도 기다린 후 가열을 멈추고 액체가 모두 플라스크로 떨어지면 로드를 앞뒤로 흔들어 뚜껑에 거치한다.
5. 뜨거운 칵테일을 잔에 따라서 마신다.

사용 전에 알아야 할 것들 NOTICES

플라스크 닦기
플라스크 표면에 물기가 있는지 꼭 확인하자. 아니, 그냥 습관처럼 추출 전에 플라스크를 닦자. 플라스크 표면에 물기가 있는 상태에서 가열했을 때 플라스크가 깨질 수 있기 때문이다.

너트 조이기
플라스크와 스탠드가 연결되어 있는 부분을 자세히 보자. 플라스크를 잡고 있는 집게발과 그것을 조이고 있는 너트가 있을 것이다. 신경 쓰지 않고 사용하다 보면 점점 이 부분이 느슨해지면서 어느 순간 갑자기 플라스크가 뚝 떨어져서 깨질 수 있다. 추출 전에 이 부분을 꼭 확인하고 추출하는 게 좋다.

알코올 구입 필수!
탁상시계를 사면 건전지를 동봉해주는 경우도 있지만, 그렇지 않은 경우도 있다. 사이폰은 알코올램프에 알코올을 넣어줄까? 아쉽게도 알코올램프에 알코올을 넣어 판매하지 않는다. 사이폰을 구입했다면 모카포트의 원형걸쇠처럼 알코올을 같이 구매해야 한다. 또한 추출 직전에 알코올이 충분히 있는지를 확인해 심지 타는 냄새만 맡게 되는 불상사를 피하도록 하자. 가까운 약국에서 에탄올을 구매할 수 있다.

필터 준비
동봉된 융 필터를 그대로 사용하면 커피에 천 냄새가 밸 수 있고, 융의 치밀한 조직 때문에 추출이 어려울 수도 있으니 냄비에 담아 정수물로 잘 삶아줄 필요가 있다. 이때 커피가루를 넣으면 융 필터의 천 냄새를 제거하는 데 더 효과적이다. 삶은 융 필터를 흐르는 물로 헹군 후 가볍게 짜는데, 이때 너무 세게 짜면 조직이 망가지니 걸레를 짜듯 짜지 말자. 이후 수건 등으로 덮어서 살며시 눌러 물기를 빼준 후, 부드러운 면이 안쪽 면으로 가게 해 가장자리의 끈을 당겨서 고정시키면 된다.

다시 쓰는 사이폰 사용법 INSTRUCTION

준비물

커피가루(핸드드립용보다 굵게, 1인분 약 10g), 물(1잔 140ml / 2잔 280ml), 사이폰, 나무막대(또는 계량스푼), 알코올램프, 점화기, 타이머, 종이 필터(또는 융 필터), 잔

1 플라스크에 써 있는 잔 표시에 맞춰서 물을 넣고 잔도 뜨거운 물로 예열한다. 이때 플라스크에 뜨거운 물을 넣으면 추출이 빠르게 이루어진다.

2 알코올램프를 플라스크 밑에 놓고 점화한다.

❸ 철제 필터를 반시계 방향으로 돌려서 분해하고 그 사이에 종이 필터를 넣어서 다시 시계방향으로 돌려서 결합시킨다. 융 필터의 경우 거친 면이 바깥쪽으로 가게 한 후 가장자리에 있는 끈을 당겨서 융 필터를 고정해 준다.

❹ 필터를 장착한 철제 필터를 로드에 넣는다. 이때 스프링 고리가 달려 있는 부분이 아래로 가게 하며 철제 필터를 로드 하단의 끝 부분에 스프링 고리로 고정시켜주고 필터가 정중앙에 위치하도록 나무막대를 이용해 자리를 잡아준다.

❺ 커피가루를 로드에 넣고 표면이 수평이 될 수 있도록 살짝 흔든다.

❻ 커피가루를 넣은 로드를 플라스크에 완전히 꽂지 말고 비스듬히 놓는다.

7 물이 끓어오르면 로드를 플라스크에 부드럽게 완전히 꽂는다.

8 물이 로드로 올라가기 시작하면 타이머로 1분을 잰다.

9 물이 거의 다 올라오면 나무막대로 커피가루가 물에 잘 섞일 수 있게 5회 정도 원을 그리며 젓는다. 이때 너무 깊숙이 젓다가 필터를 건드리면 커피 찌꺼기가 커피에 들어갈 수 있고, 너무 많이 저으면 맛이 강해지니 조심하자.

10 1분이 되었을 때 알코올램프의 불을 끄고 나무막대로 마지막으로 5회 정도 원을 그리면서 더 젓는다.

11 잠시 기다리면 로드에 있던 커피가 플라스크 쪽으로 빨려 내려온다. (차가운 물로 적신 수건으로 플라스크를 감싸주면, 내부의 공기가 차가워지면서 기압의 차이가 생겨 커피가 더 빠르게 추출된다.)

12 커피가 플라스크로 모두 추출되면 한 손으로 로드의 상단 부분을 잡고 다른 손으로 스탠드 손잡이를 잡은 채로, 로드를 앞뒤로 흔들면서 로드와 플라스크를 분리한다. 로드를 쓰러지지 않게 잘 세워 놓는다.

13 잔을 예열한 물을 버린 후 플라스크에서 커피를 따른다. 사이폰으로 갓 추출한 커피는 상당히 뜨거우니 1~2분 정도 식힌 후에 마시는 게 좋다.

사용팁 TIPS

끓인 물 사용하기

사이폰으로 커피를 추출할 때 가장 오래 걸리는 작업이 바로 물이 끓을 때까지 기다리는 것이다. 실제로 각각 팔팔 끓인 물, 정수기의 뜨거운 물, 정수물을 넣은 사이폰 커피 추출 시간을 비교해보았다. 팔팔 끓인 물은 약 5~6분, 정수기의 뜨거운 물은 약 9~10분, 정수기 정수물은 약 15~16분이라는 차이를 확인할 수 있었다. 즉, 물과 커피가루가 섞이는 시간과 물이 떨어지는 시간을 약 2분으로 잡는다면 정수물은 끓이는 데만 10분이 걸린다는 것이다. 이처럼 물이 끓기만을 10분 넘게 기다려야 한다면 아무리 화려한 추출과 풍부한 향을 자랑한다 해도 사이폰 커피를 추출할 엄두가 나지 않을 것이다. 따라서 사이폰 사용 시 뜨거운 물은 필수다.

열원을 바꾼다면?

사이폰에 뜨거운 물이 필수라고 했지만 해당하지 않는 경우가 있다. 바로 할로겐 빔히터 Halogen Beam Heater를 사용하는 경우이다. 할로겐 빔히터는 할로겐 전구의 강한 화력으로 순식간에 고온을 만들어내는 기구로 온도 조절이 가능하다는 장점을 갖고 있다. 때문에 물도 빨리 끓어오르고 추출 시간도 짧아지면서 더욱 깔끔한 커피 추출이 가능하다. 뿐만 아니라 할로겐 전구에서 뿜어져 나오는 빨간 빛이 분위기를 더욱 몽환스럽게 만들기 때문에 연출 효과는 더욱 극대화된다. 하지만 할로겐 빔히터의 가격은 약 50만 원. 사이폰 4~5개에 해당하는 가격이다.

안전하게 사용하기

물이 완전히 끓기 전에 로드를 플라스크에 비스듬히 세워두는 이유는 증기압에 의해 물이 완전히 끓기 전에 일부만 조금씩 로드로 올라갔다 내려갔다 하면서 발생하는 과추출을 방지하고자 함이다. 만약 비스듬히 꽂았다가 로드가 떨어지지는 않을까 불안하다면, 뚜껑을 뒤집어서 로드를 거치해 놓았다가 물이 완전히 끓을 때까지 기다린 후에 로드와 플라스크를 결합하자. 일부에서는 유리 재질인 로드가 급작스러운 온도 차이로 인한 파손의 가능성이 있어서 이를 예방하기 위해 예열해야 한다고 한다. 하지만 보통 사이폰에는 100도 이상의 온도 편차를 견디는 내열 유리를 사용하기 때문에 이론상으로는 파손의 위험성이 극히 낮다.

종이 vs 융

종이 필터는 융 필터에 비해 깔끔한 맛의 커피가 추출된다. 그리고 일회용이기 때문에 사용이 간편하다는 가장 큰 장점이 있다. 반면 융 필터는 종이 필터에 비해 풍부한 맛의 커피가 추출되지만 세척과 관리가 까다로운 것이 치명적인 단점이라고 할 수 있다. 필터별 장단점을 잘 파악해두면 자신의 추출 스타일이나 취향에 맞는 필터를 고를 수 있다.

보다 좋은 맛을 위한 노하우

로드로 올라온 물과 커피가루를 섞을 때, 계량스푼의 반대편도 좋지만 아무래도 플라스틱이나 사이폰용 나무막대를 구입해 사용하는 것을 추천한다. 집에 있는 나무젓가락을 이용하여 저어주는 것도 하나의 방법이다. 단, 쇠젓가락처럼 금속으로 된 것은 플라스크 파손의 위험이 있으니 사용하지 않는 게 좋다.

조금/천천히 저으면 산미가, 추출 시간이 길고 많이/빠르게 저으면 스모키한 맛이 강해지니 이를 이용해 기호에 따른 커피를 추출해보자. 로드 속 모습은 커피액/커피가루/거품의 3단층을 이루면 잘 저었다는 표시이니, 이게 보이지 않는다면 젓는 방법이나 강도, 횟수에 변화를 줘보자.

'매직아워'라고 부르는 커피가 밑으로 떨어지는 순간 끝에 '황금관'이라고 불리는 멋진 황금색 거품이 추출되는데, 이 거품은 많이 저을수록 생기니 황금관과 커피맛을 생각하여 적절히 저어주자. 추출이 끝난 뒤에도 잘 저었는지 여부를 알 수 있는데, 로드에 커피 찌꺼기가 돔형을 이루고 벽면에 커피 찌꺼기가 막 달라붙지 않은 것이 잘 저은 증거이다.

구입과 관리 BUY/MAINTENANCE

1 구입

제품과 부품은 용량과 제조사, 판매처에 따라 가격의 차이가 있다.

[사이폰]
약 10만 원~20만 원

[부품/소모품]
구성품별 판매를 하기 때문에, 부품별로 별도 구입이 가능하다. 이 역시 제조사와 구성품, 판매처에 따라 가격이 다르지만 대강의 가격은 다음과 같다.

로드 3만~7만 원
플라스크 1만5천~3만5천 원
램프 심지 약 4천 원
철제 필터/알코올램프 약 1만5천 원
융 필터 5개 단위 또는 10개 단위, 개당 1,500원 내외
종이 필터 60매 단위 또는 100매 단위, 개당 130원 내외

[램프/빔히터]
사이폰을 구매하면 기본적으로 알코올램프가 포함되어 있으나, 매장이나 기타 자주 사용하는 곳에서는 알코올램프로 커피를 감당하기가 힘들다. 이때 필요한 아이템은 전기를 사용하는 열원인 할로겐 빔히터이다. 고가이긴 하지만, 매장 같은 상업적 이용을 위해서는 충분히 고려해 볼 만하다.

할로겐 빔히터 약 50만 원
스마트 빔히터(디지털 형식) 약 80만 원

2 관리

하리오를 포함한 사이폰 제조사에서 제시하는 별도의 도구 관리법은 없다. 그도 그럴 것이 과학적 원리를 이용하여 현란하게 커피를 내려도 원리와 구조는 간단하기 때문이다. 제조사나 전문가들은 유리니까 파손에 주의하라는 말만 반복할 뿐이다. 파손 없이 사용하는 것이 최상의 관리법이라는 뜻이다. 융 필터를 사용할 경우, 15~20회 정도 사용한 후 교체하는 게 좋고, 무엇보다 먹는 것이니 위생에 유의하는 것은 필수다.

[세척]

1. 추출이 끝난 사이폰의 열이 식을 때까지 기다린다.
2. 로드를 뒤집은 채로 흔들거나, 로드의 하단 부분을 손으로 잡고 입김을 불어서 커피 찌꺼기를 제거한다.
3. 로드에 걸쳐 있는 스프링 고리를 당겨서 풀어준 후 철재 필터를 제거한다.
4. 종이 필터를 사용했을 경우, 철제 필터 상하단을 시계 반대 방향으로 분리한 후 종이 필터를 제거하면 된다. 융 필터를 사용했을 경우, 철제 필터에서 융 필터를 제거하고 물로 세척한 후 삶는다. 삶은 융 필터는 정수에 담아 냉장 보관한다. 만약 융 필터를 제거하는 것이 어렵다면 철제 필터에 장착한 채 물로 세척한 후 정수에 담아 냉장 보관한다.
5. 로드는 흐르는 물에 부드러운 수세미로 세제 없이(또는 중성세제로) 세척한다. 세제를 사용하지 않는 이유는 자칫 세제 성분이 세척 후에 남게 되면 커피맛에 영향을 줄 수 있기 때문이다.
6. 플라스크를 스탠드에 연결한 채로 세척해도 되지만, 분리해서 세척하면 스탠드의 너트가 녹스는 것을 방지할 수 있다. 플라스크 역시 흐르는 물에 세제 없이(또는 중성세제로) 세척한다.
7. 로드와 플라스크를 물이 잘 빠질 수 있는 형태로 놓고 건조시킨다.

스태프 평가 STAFF'S EVALUATION

사이폰을 사용해서 커피를 만드는 커피프로젝트 스태프 5명에게 도구에 대해 물어보았다.

사용 편의성
■■■◨☐ 3.5 처음 사용법을 익히는 데까지는 시간이 좀 걸리지만, 할 줄 알게 되면 막 자랑하고 싶어진다.

세척 관리
■■◨☐☐ 2.5 필터를 융으로 쓴다면 엄청 귀찮아지는데, 종이로 쓰면 관리 포인트가 확 줄어든다.

재미 흥미
■■■■◨ 4.5 단연코 가장 멋진 커피 브루잉!

경제성
■■■◨☐ 3.5 기본적으로 비싼 도구이긴 하지만 가격만큼 만족도는 괜찮다.

디자인
■■■■☐ 4.0 과학 실험실 도구로 오해받긴 하지만, 사람들의 눈길은 확실히 잡을 수 있다.

추천 레시피 RECOMMEND RECIPE

에티오피아 예가체프처럼 산미가 있는 원두에 종이 필터에 비해 더욱 풍부한 맛을 내는 융 필터를 사용해 내려보자. 화사한 향이 살아 있는 사이폰 스트레이트 커피를 맛볼 수 있을 것이다.

인터뷰 INTERVIEW

Q. 자기소개를 해주세요.

A. 마루야마커피 브랜드매니저로 일하고 있는 나카야마 요시노부입니다. 2013 일본 사이폰 챔피언십, 2013 세계 사이폰 챔피언십 준우승 경력을 갖고 있습니다. 사이폰 커피를 알코올램프나 가스버너, 빔히터 등 각종 열원으로 내리고 있습니다. 사이폰뿐만 아니라 여러 가지 추출방법으로 커피를 내리고 있습니다. 그중에서도 역시 스페셜티 커피의 풍미와 특성이 추출한 커피에 잘 반영되는 사이폰은 '스페셜티 커피 시대'에 매우 중요한 역할을 차지하고 있는 도구라고 생각하고 있고 보급에도 힘쓰고 있습니다.

Q. 사이폰이란 어떤 도구이며 어떤 특징을 갖고 있나요?

A. 수증기의 기압 변화를 이용해 뜨거운 물을 상승, 하강시키는 방법으로 커피를 침출하고 여과하여 추출하는 도구입니다. 처음 마실 때 뜨거운 만큼 향이 풍부하고 스페셜티 커피의 신맛과 단맛을 끌어올리는 데 적합합니다. 또한 맛의 여운이 긴 것도 큰 특징 중의 하나입니다. 융 필터로 여과한 사이폰 커피는 맛이 매우 부드럽고 입에 닿는 느낌이 좋습니다.

Q. 전문가로서 느끼는 사이폰의 장단점은 무엇인가요?

A. 추출하는 시간이 즐겁습니다. 보고 있는 것이 즐겁고 그 모양이 아름답다고 생각합니다. 또한 스페셜티 커피의 풍미와 특성을 명확하고 쉬운 맛으로 잘 끌어낸다는 점입니다. 하지만 맛은 사이폰의 섞는 기술에 의한 영향을 받습니다. 안정되고 맛있게 내리기 위한 추출 기술이 요구됩니다. 또 추출된 커피는 굉장히 고온이기 때문에 처음에는 마시기가 조금 불편합니다.

Q. 일반 사용자의 입장에서 사이폰은 깨지기 쉬워 부담스러운 도구이기도 합니다. 사이폰 보관법이나 깨뜨리지 않는 방법이 있다면 알려주세요.

A. 유리라는 재질상 어떻게 하더라도 깨지기 쉬운 부속품이 많습니다. 조심스럽게 사용하는 것 이외에 무엇보다 사용에 익숙해지는 것이 중요하다고 생각합니다.

Q. 실제로 사이폰을 얼마나 자주 사용하시나요?

A. 주 3회 정도 사용하고 있습니다.

Q. 자신만의 사이폰 레시피를 알려주세요.

A. 뜨거운 물 160ml당 15~16그램, 추출량 150ml, 침출시간(첫 번째로 섞인 뒤 두 번째 섞이기 전) 16~30초

Q. 사이폰으로 추출한 스트레이트 커피 외에 추천할 만한 베리에이션/시그니쳐 메뉴가 있나요?

A. 로드에 시나몬 가루를 넣어 섞으면 색다른 커피를 만들 수 있습니다. 또, 2.5배 농도로 내린 케냐 아이스커피에 시럽을 대신해 녹인 마멀레이드를 곁들여 마시면 스위티한 커피를 즐길 수 있습니다.

Q. 사이폰 외에 주로 사용하는 커피도구가 있습니까?

A. 사이폰 이외에 프렌치프레스, 에스프레소 머신을 주로 사용하고 있습니다.

Q. 커피는 어떤 의미입니까?

A. 의식주 중 '식'에 있어 풍족함을 느끼게 해주는 대체할 수 없는 물건입니다.

Q. 마지막으로 한국의 사이폰 사용자들에게 한 말씀해주세요.

A. 사이폰 추출 방법은 에스프레소만큼 추출하는 사람의 기술과 정성이 맛에 큰 영향을 미치는 기구입니다. 추출 방법에 어려운 부분이 있을 수도 있습니다만 그만큼 다양한 가능성을 숨기고 있는 기구이기에 그만큼 도전할 가치가 있는 추출 방법이라고 생각합니다.

COFFEE LAB #9

원두 작명법

원두를 선택할 때 참고할 수 있는 것은 원두 정보이다. 원두 정보는 여행지를 선택할 때 참고할 수 있는 있는 일종의 여행 안내 팸플릿이라고 생각하면 된다. 여행 안내 팸플릿에 여행지의 특징 등이 나오는 것처럼, 원두 정보를 통해 원두의 특징과 맛을 기대해 볼 수 있다.

원두 프로파일에는 기본적으로 생산 지역, 등급, 농장, 가공 방식, 로스팅 일자, 로스팅 정도가 표기되어 있다. 더 나아가 생산고도, 품종, 수확연도, 커핑 노트까지 기록되어 있다. 이 정보를 다 이해할 필요는 없지만 기본적으로 원두의 이름이 어떻게 붙여지는지 알면 좋다. 원두의 이름에 포함되는 것은 생산 국가와 지역, 등급이다. 기본적으로 생산된 국가는 꼭 포함된다. 대체로 국가에서 커피 산업을 관할하는 경우, 생산 지역명은 생략하고 국가의 커피 등급을 표기하는 경우가 적지 않다. 우리가 흔히 말하는 케냐 AA나 콜롬비아 수프리모 등이 대표적인 예이다. 여기에 생산 지역이 국가명과 등급 사이에 들어가는 경우도 많다. 에티오피아 이르가체페 G2, 코스타리카 따라주 SHB 등이 그렇다. 생산 지역이 아닌 지명도 있는데, 원두가 수매되는 곳이나 수출되는 곳의 지명을 붙이기도 한다. 브라질 산토스 No.2에서 산토스와 예멘 모카의 모카는 커피가 집결되어 수출되는 항구의 지명이다.

등급 대신 농장 이름이 들어가는 경우도 있다. 등급 체계를 생략하고 농장들이 자신의 농장 이름을 따서 상품화한 경우다. 기본적으로 등급이 없더라도 농장 이름을 내세운 곳은 그만큼 품질에 자신 있다는 것이다. 농장 이름 대신 좋은 품질의 커피를 사들여 가공 혹은 탈곡하는 곳의 이름을 넣기도 한다.

이와는 다른 방식으로 커피 경연대회에서 획득한 순위가 원두 이름으로 들어간 것도 점점 늘어나고 있다. 대표적인 것이 COE(Cup of Excellence) 순이다. COE는 경매를 주체하는 비영리 단체 이름이기도 한데, 주로 중남미 커피 생산국가에서 COE 순위를 매기는 경매대회를 진행한다. 이 COE 프로그램은 국제적인 심판관들이 모여 엄격한 심사를 거쳐 점수와 순위를 정하고 경매를 진행한다. 이때 매겨지는 순위와 연도를 원두 이름에 붙인다. 여기에 그 원두를 생산한 농장 정보가 들어가기도 하지만, 순위가 더 중요시 여겨져 생략되는 경우가 있기도 하다. 엘살바도르 2015 COE 1위 Positos de San Ignacio(농장 이름)처럼 표기한다. 마지막으로 로스터나 원두 판매업자가 여러 원두를 블렌딩하여 고유의 블렌딩에 이름을 붙이거나, 판매 상품명으로 만드는 경우가 있다. 간단히 정리하면 커피 작명법은 아래와 같다.

재배 국가+(산지)+등급
재배 국가+항구+등급
재배 국가+농장 이름 또는 가공소
재배 국가+연도+경연대회 순위+(농장 이름)
재배 국가+농장 이름+(품종)
로스터 혹은 판매자가 자기 마음대로 이름 짓기

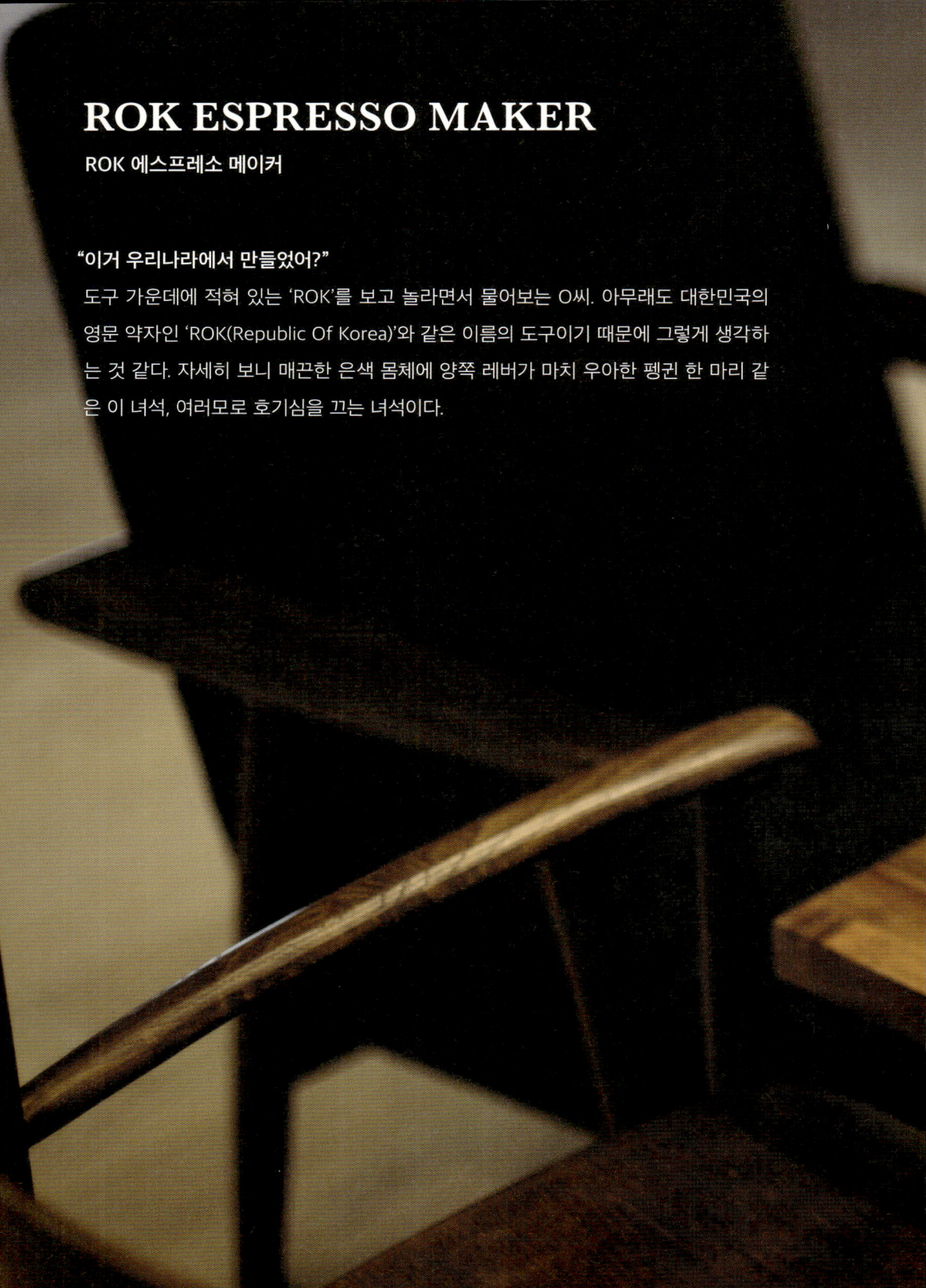

ROK ESPRESSO MAKER
ROK 에스프레소 메이커

"이거 우리나라에서 만들었어?"

도구 가운데에 적혀 있는 'ROK'를 보고 놀라면서 물어보는 O씨. 아무래도 대한민국의 영문 약자인 'ROK(Republic Of Korea)'와 같은 이름의 도구이기 때문에 그렇게 생각하는 것 같다. 자세히 보니 매끈한 은색 몸체에 양쪽 레버가 마치 우아한 펭귄 한 마리 같은 이 녀석, 여러모로 호기심을 끄는 녀석이다.

품명 ROK 에스프레소 메이커 ROK Espresso maker

무게 1.8kg

크기(가로×세로×높이)
210×130×290mm

ROK 에스프레소 메이커의 구성 COMPONENTS

■ **실린더** | 약 50ml의 물을 넣는 공간이다.

■ **핸들** | 양손으로 잡고 위로 올렸다가 아래로 내리며 실린더에 압력을 발생시키는 역할을 한다.

■ **포터 필터** | 커피가루를 담는 49.5mm의 사이즈 철제 필터.

■ **실리콘 가스켓** | 본체의 포터 필터를 끼우는 부분에 들어가는 실리콘 필터로 물에 압력을 가할 때 실리콘 가스켓에 있는 작은 구멍들이 높은 압력을 만들어 낼 수 있게 만들고, 물의 압력을 커피 전체에 분산시켜 커피가 받는 압력을 일정하게 유지시키는 역할을 한다.

■ **탬퍼/스쿱** | 커피가루를 평평하게 눌러주는 탬퍼 겸 원두 스푼.

ROK 에스프레소 메이커의 역사 HISTORY

프레소Presso는 세계 유수의 기업들과 콜라보레이션 작업을 했던 영국의 디자인그룹 데어포어Therefore의 디자이너 패트릭 헌트Patrick Hunt가 만든 친환경 에스프레소 머신이다. 2002년 패트릭 헌트는 전 세계적인 커피 소비 증가를 보고 집에서도 손쉽게 맛있는 커피를 마실 수 있는 도구를 만들자는 생각으로 개발했다고 한다. 프레소 출시 10년 후인 2012년에는 기존 프레소의 업그레이드 버전인 'ROK 에스프레소 메이커'가 출시되었다. ROK 에스프레소 메이커는 10년간의 품질 보증 기간뿐만 아니라 인장 강도를 35% 강화하고 우유 거품기 재질을 플라스틱에서 스테인리스로 바꾸는 등 프레소보다 뛰어난 상품성을 자랑한다. ROK 프레소의 ROK은 어떤 단어나 문장의 약자가 아닌 브랜드 이름이다. 사람의 힘으로 강한 압력을 만들어내는 모습을 'ROK'이라는 단어로 표현했다고 한다.

ROK 에스프레소 메이커 스토리 TOOL STORY

The 'ROK' Band
다소 1차원적이지만, 'ROK'이라는 제품명에 걸맞게 제품 홍보를 위한 락Rock 밴드인 더 '락' 밴드The 'ROK' Band가 있다. 노래 제목은 〈One Squeeze〉. 제목에서도 알 수 있듯이 대강의 ROK 사용법과 한 번만 눌러 짜주면 맛있는 커피를 마실 수 있다는 내용의 전형적인 홍보송이다. 유튜브에서 뮤직비디오를 볼 수 있는데, 아쉽지만 홍보를 위한 일회성 밴드였던 듯하다.

친환경 저탄소 수동 에스프레소 머신
ROK의 최대 장점은 전 세계적 친환경 트렌드에 맞는 '친환경 저탄소 수동 에스프레소 머신'이라는 점이다. 언제 어디서든 뜨거운 물과 커피가루만 있으면 맛있는 커피를 마실 수 있기 때문에 에코족이나 캠핑족에게 인기 있는 아이템이다. 그래서 캠핑 전문 인터넷 쇼핑몰에서도 판매되는 ROK이 전혀 어색하지 않다. 캠핑이 취미거나 지구온난화를 심각하게 걱정하고 있는 커피 애호가라면 ROK은 옵션이 아닌 필수 아이템이라 할 수 있다.

디자이너가 만든 커피도구
펭귄을 연상케 하는 귀여운 은색 바디와 장인의 정성스러운 손길이 느껴지는 핸드 폴리싱Hand Polishing 기법으로 구현한 고급스러운 광택. ROK은 디자인 문외한이라도 누구나 느낄 수 있는 고급스러운 디자인을 자랑한다. 뛰어난 디자이너가 만든 도구이다 보니 실용적이면서도 남다른 디자인의 결과물이 나왔고, 2004년 영국 D&AD 어워드, 일본 굿 디자인 어워드, 영국 디자인 위크 어워드 등에서 수상했다.

사용 전에 알아야 할 것들 NOTICES

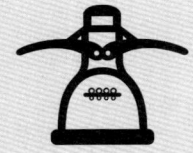

엄연히 위아래가 있다
초반에 많이 하게 되는 실수 중 하나가 바로 실리콘 가스켓을 잘못 장착하는 것이다. 자세히 살펴보면 양면 중에 구멍이 더 작게 뚫린 면과 상대적으로 크게 뚫린 면이 있다. 구멍이 더 작게 뚫린 면이 아래로 가도록 중앙 구멍에 장착시켜야 강한 압력이 생기면서 적절한 추출이 가능하다. 세척 후 실리콘 가스켓을 장착할 때는 윗면 아랫면을 잘 구분해서 결합하도록 하자.

다시 쓰는 ROK 에스프레소 메이커 사용법 INSTRUCTION

준비물

뜨거운 물(90~95도, 원샷 40ml, 더블샷 80ml), ROK, 커피가루(분쇄 정도: 에스프레소용, 약 16g/2스쿱), 머그컵, 에스프레소 잔, 마른 수건

1 머그컵에 포터 필터를 넣은 후, 뜨거운 물을 부어 예열한다. 에스프레소 잔도 함께 예열한다.

2 실린더 아래 실리콘 가스켓의 구멍이 더 작게 뚫린 곳이 아래로 가도록 장착되어 있는지 확인한다. 본체 가운데에 포터 필터를 오른쪽에서 왼쪽으로 돌리면서 끼운다.

3 상단의 실린더에 뜨거운 물을 넣어서 예열한 후, 양쪽 레버를 올렸다 내리면서 예열한 물을 빼낸다. 포터 필터를 마른 수건으로 닦아낸다.

4 준비한 커피가루를 포터 필터에 담고 탬퍼/스쿱으로 표면이 수평을 이루도록 탬핑한다.

5 커피가루를 넣은 포터 필터를 장착한 후 아래쪽에 에스프레소 잔을 준비한다. 풍부한 크레마를 원한다면 잔 밑에 받침대를 놓아 잔과 포터 필터의 사이를 가깝게 해주자.

6 원하는 샷 수에 맞게 뜨거운 물을 넣는다. 더블샷의 경우 실린더의 1/3정도 넣으면 된다.

7 양쪽 레버를 끝까지 올린 후 살짝 내린다. 뜨거운 물이 커피가루층에 스며들도록 10초 정도 기다린다.

8 양쪽 레버를 20초 동안 일정한 속도로 내린다. 다시 양쪽 레버를 끝까지 올렸다가 빠르게 내린다. 큰 덩어리의 거품이 나오려고 할 때 추출을 종료한다.

사용팁 TIPS

우리가 남이가?

ROK과 비슷한 친환경 수동 커피도구 중 에어로프레스가 있다. 에어로프레스가 있다면 에어로프레스의 깔때기를 ROK의 포터 필터에 끼워보자. 마치 두 회사가 기술 제휴라도 한 듯 딱 들어맞는다. 에어로프레스의 깔때기를 이용하면 포터 필터에 커피가루를 깔끔하게 담을 수 있다.

크레마 주세요!

에스프레소를 즐기는 대부분의 사람들은 에스프레소를 뽑을 때 나오는 황금색 거품 크레마에 민감할 수밖에 없다. 때문에 수동 머신인 ROK이라 해도 풍부한 크레마가 나오지 않는다면 곤란하다. 풍부한 크레마를 원한다면 신선한 원두와 기구 예열은 기본이고 에스프레소에 맞는 분쇄도, 그리고 적절한 탬핑이 필요하다. 하지만 ROK의 기본 구성품인 탬퍼/스쿱으로는 제대로 된 탬핑이 쉽지 않으니 더 완벽한 탬핑을 원한다면 49.5mm 사이즈의 탬퍼를 추천한다. 여기에 컵 밑에 받침대를 놓아 컵과 포터 필터의 사이를 가깝게 해 최대한 고운 거품의 손실을 없게 만드는 것도 방법이다.

노 땡큐!

ROK의 기본 구성품 중 우유 거품기가 있다. 카푸치노를 먹고자 하는 소비자들을 위한 배려인 듯하지만 우유 거품기에는 생각보다 많은 신경을 쓰지는 않은 듯하다. 스테인리스 재질이라 사용할 때 칠판 긁는 소리가 나는 게 거슬린다. 분해하는 게 쉽지 않아 세척이 어려운데, 이는 위생의 문제와 연결될 수 있다. 우유 거품기가 없는 사람에게는 이런 배려가 고맙겠으나, 별도의 우유 거품기를 구비했다면 가급적 사용하지 않는 것을 추천한다.

구입과 관리 BUY/MAINTENANCE

1 구입

[ROK 에스프레소 메이커]
판매처에 따라 다소 차이가 있으나 약 20만 원대 초반 가격으로 구입 가능하다.

[소모품/부품]
각각의 소모품은 별도 구매가 가능하며, 판매처에 따라 가격에 다소 차이가 있을 수 있다.

포터 필터 원두 바스켓 약 1만 원

포터 필터 고정 스프링 약 3천5백 원

포터 필터 손잡이 약 1만5천 원

포터 필터 약 7만 원

피스톤/실린더 약 1만 원

실리콘 오링 약 6천 원(1일 2~3회 사용 시 수명 1년)

ROK 파트 키트(피스톤, 실린더, 실리콘 가스켓, 실리콘 오링 3개, 더블 스파우트, 고무받침 4개)
약 4만 원

2 관리

식기 세척기 사용은 금지되어 있다. 세제를 사용하기보다는 가급적 물로만 세척하고 부득이하게 세제 사용이 필요하다면 중성세제를 사용하자. 세척 후 건조가 중요한데, 특히 커피가루가 담길 포터 필터는 건조에 더욱 신경 쓰자. 가끔 동전으로 양쪽 레버가 이어지는 중앙 이음새 부분 분리해 본체 전체를 구석구석 씻는 게 좋다. 만약 이전과 같은 압력의 추출이 되지 않는다면 실리콘 오링을 교체해야 한다.

[세척]

1. 포터 필터를 본체에서 분리한 후 커피 찌꺼기를 제거한다.
2. 포터 필터에 남은 커피 찌꺼기는 물로 씻어 제거한다.
3. 포터 필터를 장착하는 본체 중앙 부분에 있는 실리콘 가스켓을 빼낸 후 물로 씻는다. 가장자리 홈 부분을 이용하면 실리콘 가스켓을 쉽게 탈착할 수 있다.
4. 완전히 마를 때까지 건조대에서 말린다.

스태프 평가 STAFF'S EVALUATION

ROK을 사용해서 커피를 만드는 커피프로젝트 스태프 5명에게 도구에 대해 물어보았다.

사용 편의성
■■■□□ 3.2   힘을 얼마나 들이냐는 차이가 있지만 누구나 간단히 사용 가능하다.

세척 관리
■■■■□ 4.0   몇 개 분해해야 할 것은 있지만 깨지거나 할 부분이 없다.

재미 흥미
■■■◧□ 3.6   펭귄 같은 생김새와 직접 내리는 재미, 많이 내리면 힘이 드는 건 단점이다.

경제성
■■◧□□ 2.5   신혼살림 할 때 장만할 게 아니라면 약간 부담스럽긴 하다.

디자인
■■■■◧ 4.6   삐까번쩍한 광과 날개를 펼쳤을 때의 위엄이! 음... 웅장하달까?

추천 레시피 RECOMMEND RECIPE

싱글오리진 아이스라테
약하게 로스팅한 싱글오리진 원두로 에스프레소 더블샷을 내린 후, 얼음과 우유가 담긴 잔에 에스프레소를 부어주면 커피와 우유의 마블링을 볼 수 있다. 싱글오리진 원두의 산미와 우유의 고소함이 절묘하게 어울린다.

COFFEE LAB #10

커피 프로세싱

원두 구매 시 원두 정보를 자세히 살펴보면 내추럴Natural, 워시드Washed 등이 표기되어 있는 경우가 있다. 물론 표기가 없는 경우도 있지만 좋은 원두일수록 이러한 정보들이 자세히 표시되어 있다. 내추럴, 워시드 같은 표기는 커피열매에서 생두를 어떠한 방식으로 만들었나에 대한 정보다. 커피열매는 체리와 비슷하게 생겨서 커피체리라고도 부른다. 커피열매에는 겉껍질이 있고 그 껍질을 까면 과육이 나온다. 과육을 제거하면 끈적한 점액질에 둘러싸인 파치먼트가 나온다. 점액질과 파치먼트를 제거하면 우리가 원하는 바로 은색 막에 둘러싸인 씨앗만 남게 되는데, 그 씨앗이 바로 커피 생두다. 커피열매에서 파치먼트 상태 또는 최종 생두 상태로 만드는 과정을 커피 프로세싱coffee processing이라고 한다. 커피 프로세싱은 노하우가 중요해서 커피 구매 시 필요한 생두 정보나 원두 정보에 가공업자의 이름이나 가공업체의 이름이 들어가는 경우가 있을 정도로 중요한 과정이다.

커피 프로세싱은 크게 건식법dry process과 습식법wet process으로 나뉜다. 건식법은 일반적으로 파티오라 불리는 마당에 커피체리를 펼쳐놓고 말리는 것으로 가장 오래된 방식이다. 자연 건조 방식으로 내추럴Natural이라고 한다. 내추럴 방식은 커피체리를 통째로 말리기 때문에 건조 과정에 과육의 맛이 생두에 스며들어 커피로 만들었을 때 과육에서 오는 풍부한 맛과 향이 난다. 그러나 바닥에 말리는 방식이기 때문에 돌이나 나뭇가지 등 이물질이 들어가기 쉽고, 불완전한 건조와 불균일한 건조라는 문제가 생긴다. 내추럴 방식은 물이 부족한 곳에서 이루어진 방식이며, 기계나 설비가 필요 없는 저비용 방식이어서 저렴한 커피는 대부분 내추럴 방식으로 가공된다.

내추럴 방식 중 펄프드 내추럴 방식plulped natural/허니 프로세스honey process는 껍질과 과육만 제거하고 점액질은 그대로 둔 상태에서 건조하는 방식이다. 건식법은 과육이나 점액질이 있는 상태에서 말려 커피체리의 고유하고 특별한 맛을 내주기 때문에 고급커피는 일부러 내추럴 방식의 커피 프로세싱을 선택하는 경우가 있다. 내추럴 방식의 약점인 건조와 이물질 제거에 많은 인력을 쓰기 때문에 건조장 설비와 인건비로 가장 비싼 가공방식이 되기도 한다.

습식법은 생두를 만드는 과정에 물을 사용한다. 습식법을 이용하면 균일한 품질과 함께 산미를 좋게 만들 수 있는 장점이 있다. 주로 물이 풍부한 지역에서 이용되고, 자본이 투입될 수 있는 대규모 농장에서 많이 사용된다. 습식법은 커피의 껍질과 과육을 벗겨내고 점액질까지 제거하는데, 이 모든 과정을 물을 이용하면 풀워시드full washed라 하고 일부 과정만 이용하면 세미 워시드semi washed라고 한다(펄프드 내추럴은 펄핑 과정에서 물을 사용하기 때문에 세미 워시드로 분류하는 사람도 있다). 세미 워시드와 풀워시드의 가장 큰 차이는 점액질을 제거할 때 물에 담궈 발효를 시켜 화학적으로 점액질을 제거하느냐, 점액질을 솔이나 기계로 문질러서 물리적으로 제거하느냐이다. 참고로 습식법에서는 세미 워시드와 풀워시드의 차이를 크게 두지 않는 경우가 많은데, 세미 워시드를 워시드라고 표기하는 경우가 많다.

케냐의 커피 프로세싱은 기본 풀워시드 방식에 발효와 세척이 한 번씩 더 추가되고 산도 조절 과정을 두어 더 높은 품질을 추구한다. 또한 인도네시아에는 길링 바사 Giling Basar라는 독특한 방식이 있으며 이외에도 환경이나 여건에 따라 지역별로 독특한 가공방식이 있다.

원두 정보에 내추럴이라고 표기되어 있다면 풍부한 맛과 바디감을, 워시드라면 깔끔한 맛과 산미를 기대할 수 있다. 펄프드 내추럴/허니 프로세스는 수준 높은 방식으로 내추럴에서 기대할 수 있는 맛과 함께 좋은 품질까지 기대해도 좋다.

IBRIK 이브릭

"아~커피점? 그거 그냥 말 만들어 내는 거야. 완전 스토리텔링의 끝판왕!"
터키에 살고 있는 A에게 이브릭에 대해 이것저것 묻다가 커피점에 대해 들은 충격적인 한마디. 당연한 건데 약간 실망스러웠다. 하지만 커피점이 근거 없는 스토리텔링이라고 해도 상관없다. 그런 것 없이도 이브릭은 사용하는 사람으로 하여금 황금빛 이국적 정취에 흠뻑빠뜨리기에 충분하니 말이다!

품명 칼리타 이브릭 1~2인용

재질 동

크기(가로×높이×깊이)
225×182×80mm / 120ml

이브릭의 구성 COMPONENTS

1 추출구
2 몸체
3 손잡이

이브릭의 역사 HISTORY

6~7세기경 커피가 처음 발견된 에티오피아에서는 커피열매를 끓여서 먹곤 했다. 이후 9세기경 볶은 커피열매를 갈아서 가루로 만들어 물에 넣고 숯불이나 지역적 특색을 살려 달궈진 모래에 끓여 마시는 방식이 유행한다. 14세기경 오스만 투르크 제국에 의해 이 방식이 동서양으로 전파되기 시작해 터키쉬 커피Turkish Coffee라고 불린다. 터키쉬 커피는 가장 오래된 커피 추출방법으로 17~18세기에 커피가루를 천에 걸러서 마시는 융 드립이 등장하기 전까지 커피를 마시는 주된 방식이었다.

터키쉬 커피를 마실 때 사용하는 기구는 이브릭Ibrik과 체즈베Cezve이다. 엄밀히 따지자면 이브릭은 터키어로 '물을 담아두는 통'이라는 뜻으로 뚜껑이 있고 주둥이가 긴 주전자에 가까운 모양의 도구이고, 체즈베는 그리스어로 '불타는 장작/석탄'이라는 뜻으로 우리가 흔히 생각하는 긴 손잡이가 달린 동으로 만든 작은 냄비이다. 하지만 우리나라에서 터키쉬 커피도구를 말할 때는 이브릭으로 통칭된다.

© photo from Rose Physical Therapy Group

이브릭 스토리 TOOL STORY

가장 오래된 커피믹스

커피의 시초는 믹스커피였다고 해도 과언이 아니다. 가장 오래된 커피 추출 방법인 이브릭은 추출 특성상 쓴맛이 강하게 나서 이를 중화하기 위해서 일반적으로 설탕을 넣거나 나라에 따라서 각종 향신료를 넣어 먹었기 때문이다. 즉, 지금의 각종 베리에이션 커피의 조상이 바로 가장 오래된 커피 추출 방법인 이브릭이라고 해도 과언이 아니다.

© photo by Eaeeae, from wikipedia 'Cezve'

온고지신 이브릭

원래 이브릭은 열 전도율이 좋은 동으로 만들지만 시간이 지나면서 스테인리스나 도자기 등 여러 재질로 만들어지고 있다. 최근에는 단순히 재질뿐만 아니라 현대적인 감각을 살린 디자인의 이브릭이 출시되고 있다. 또한 열원도 기존의 알코올램프에서 가스레인지, 휴대용 가스버너, 전기 인덕션까지 다양하게 사용되고 있다. 최근 터키에서는 전기포트 형식의 이브릭까지 등장했다고 하니 전통적 방식을 현대적으로 해석한 커피도구가 바로 이브릭이라고 할 수 있겠다.

오래된 커피 나라, 터키

터키는 오스만 투르크 제국 시절부터 커피가 생활 깊숙히 자리 잡았다. 오스만 투르크 제국 시절에 남자는 가족이 마실 커피를 마련하는 것이 가장으로서의 큰 책임이었는데, 이를 제대로 지키지 못하면 아내는 이혼할 권리를 법으로 보장받을 정도였다. 귀족들은 커피 끓이는 전문 하인까지 두었으며, 산파들은 커피를 산모의 산통을 완화시키는 진통제로 사용했다. 또한 결혼을 앞둔 예비 신랑의 부모님이 예비 신부의 집을 방문하여 예비 신부가 끓인 커피맛을 보고 결혼 여부를 결정하기도 했다고 한다. 카페의 개념이 처음 생긴 나라도 터키인데, 1554년 오스만 제국의 수도 콘스탄티

노플에 카펫과 각종 보석과 타일로 장식된 '카베Kabeh'에서 터키쉬 커피를 전문적으로 팔았다. 카베문화는 유럽으로 퍼졌고, 카베는 이후 커피coffee, 카페cafe의 어원이 되었다.

이 없으면 잇몸

이브릭은 판매하는 곳을 찾기 쉽지 않을 뿐더러 찾는다 해도 최소 7만 원부터 시작하는 가격이 부담스러운 사람도 있을 것이다. 그럴 때 이브릭은 아니지만 이브릭을 대체할 수 있는 도구를 사용해보자. 이브릭과 거의 비슷하게 생긴 밀크팬Milkpan이 있는데, 약 1~3만 원 정도로 구입할 수 있다. 하지만 밀크팬은 밀크티를 끓이거나 이유식을 만드는 것이기 때문에 대부분 이브릭에 비해 다소 크다는 게 단점이다. 다이소의 소형 밀크팬은 2천 원의 저렴한 가격에 크기도 알맞기 때문에 이미 커피 애호가 사이에서는 유명한 아이템이다. 저렴한 제품인만큼 마감 처리가 날카로워 세척할 때 손을 다치는 일이 종종 있다고 하니 주의하자.

대화의 오작교, 커피점

이브릭 커피는 마지막 한 모금을 남기는 것이 일반적이다. 바닥에 깔린 커피가루까지 먹고 싶은 사람들은 그다지 많지 않을 것이다. 터키인들은 이 성가신 커피가루조차 문화로 승화시켰는데, 그것이 바로 "커피점"이다. 커피점을 보기 위해서는 커피가 한 모금 정도 남았을 때, 자신의 고민이나 알고 싶은 것을 생각하며 잔을 천천히 흔들어준 후 컵받침 위에 뒤집어 놓고 잔이 식기를 기다린다. 그리고 잔을 다시 원래대로 뒤집어 잔 안에 남아 있는 커피가루의 모양을 보고 점을 친다. 커피 점은 실제 미래를 예언하는 점술적 기능은 없다. 인간관계를 중요시하는 터키인들에게 상대방과 대화할 수 있는 주제를 던져주는 좋은 도구인 셈이다.

주로 나타나는 커피가루 무늬의 의미

*터키어 번역- 정혜준

심장 사랑에 빠지거나 바라는 결혼을 하는 등 애정운 또는 일에서의 행운 등을 의미한다.

새 가까운 곳에서 좋은 일과 관련된 손님이 방문할 것이다.

말 미혼이면 좋은 결혼을 하게 될 것임을, 기혼이면 주변으로부터 찬사를 받게 될 것임을 나타낸다.

물고기 모든 곳에서 돈이 들어올 것이다. 물고기가 클수록 그 액수도 크다.

거북이 아름다운 여성 혹은 잘생긴 남성과 만나게 될 것이다.

코끼리 좋은 일자리를 얻게 될 것임을 나타낸다. 또한 그 일에서 아주 좋은 성과를 낼 것이다.

토끼 가까운 곳에서 곧 마주하게 될 기쁨을 뜻한다. 주변에서 일어난 일들을 잘 살펴보는게 필요한데, 그 이유는 마주하게 될 기쁨이 귀를 잘 열어두고 주의를 기울이는 것과 관련이 있기 때문이다. 특히 학생이나 학업에 관심이 있는 사람이라면 시험에서 좋은 성적을 받는 것을 의미한다.

숫자 3 일이 성공할 것이다.

숫자 2 불운, 질병이 있을 것이다.

숫자 1 사랑을 받을 것이다.

오리 갈수록 많은 양의 돈이 집에 들어올 것이다.

낙타 아주 큰 행운이다. 많은 돈이 들어오거나 좋은 사람으로부터 청혼이 있을 것이다.

고양이 부드러움과 온순함을 뜻하며, 지능이 높은 누군가와 만날 것이다.

수탉 당신과 친구들 사이를 갈라놓으려고 하는 사람들이 주위를 둘러싸고 있다.

개 42개의 이빨을 가지고 있는 동물이기 때문에, 어떠한 소원이 41일이 지난 후에 실현될 것이다.

나무 나무는 땅의 장식, 옷이다. 사람에게는 외모나 패션을 정돈하는 의미를 가진다. 따라서 패션, 특히 주얼리에 관심을 가지는 것이 필요하다.

뱀 주위에 몰래 숨어 있는 적을 찾으려고 노력해야 한다.

길 막다른 길을 벗어나 새로운 길, 앞이 열린 길로 가게 될 것을 뜻한다. 선의 길이는 여행의 거리를, 선의 진함과 밝기 정도는 시간을 나타낸다. 진한 선은 짧은 시간, 연하거나 희미한 선은 긴 시간의 여행을 의미한다.

사용 전에 알아야 할 것들 NOTICES

분쇄도는 정말 가늘게

이브릭으로 터키쉬 커피를 만들 때는 무엇보다도 원두 분쇄도에 신경 써야 한다. 원두 분쇄 정도가 거의 밀가루 수준이어야 한다. 갖고 있는 핸드밀이나 그라인더를 가장 가는 분쇄도로 세팅해 갈아주어야 한다는 뜻이다. 분쇄도가 충분히 가늘지 못하면 이브릭으로 커피를 끓여냈을 때 거품이 제대로 올라오지 않기 때문에 가장 가늘게 분쇄도를 설정한 그라인더로 갈아낸 가루를 다시 한 번 핸드밀로 갈아주는 방법이 가장 손쉽고 효과적이다.

필수 아이템

대부분의 이브릭은 가스레인지 석쇠의 크기보다 작은 편이다. 때문에 원형걸쇠나 사발이를 사지 않으면 커피를 추출하는 동안 계속 들고 있어야 하는 불상사가 생긴다. 백화점/대형마트 주방용품관에서 구입할 수도 있으나, 곳에 따라 원형걸쇠가 없을 수 있으니 안전하게 인터넷에서 구입하는 것을 추천한다.

다시 쓰는 이브릭 사용법 INSTRUCTION

준비물

이브릭, 열원(알코올램프&점화기, 가스레인지, 인덕션 등), 잔, 에스프레소보다 곱게 분쇄한 커피가루 10g, 정수물 100ml, 설탕 10~15g, 나무막대 또는 숟가락

❶ 잔에 뜨거운 물을 부어 예열한 후 이브릭에 준비한 물을 붓고 가열한다.

❷ 1~2분 정도 기다린 후 커피가루와 설탕 등 준비한 향신료나 첨가물을 넣는다. 내용물들이 잘 섞이도록 나무막대로 조심스럽게 젓는다. 너무 세게 저으면 맛이 강해지니 살짝만 젓는다.

❸ 커피가 끓어오르면서 거품이 생기기 시작하면 넘치기 전에 이브릭을 불에서 내렸다가 약 10초 정도 거품이 가라앉기를 기다린 후에 다시 불 위에 올린다.

❹ 과정 ❸을 약 3회~5회 정도 반복한다.

❺ 불을 끄고 커피가루가 가라앉을 때까지 약 1분 정도 기다린다.

❻ 잔에 있는 예열한 물을 버린 후, 최대한 커피가루가 나오지 않도록 천천히 커피를 따라낸다.

사용팁 TIPS

터키 사람이 말하는 터키 커피

터키인들에게 터키쉬 커피는 한국인의 김치와 같다. 다른 커피들에 비해서 특별히 정해진 레시피나 마시는 방법이 특별히 없다. 지역마다 김치를 만드는 법이 각각 다른 것처럼 말이다. 그래서 이브릭은 사용팁이 없다는 것이 사용팁이다. 자신이 원하는 방식대로 해보고 자신이 넣고 싶은 재료들을 넣으면 된다. 실제로 터키인을 초대해 터키 커피를 내려달라고 부탁했을 때, 그녀는 각 지방마다, 집안마다 커피를 내리는 방식이 다르니 자신의 레시피가 터키 커피를 대표하는 것은 아니라고 강조했다. 그녀가 내리는 방법은 이브릭에 커피가루, 설탕, 물을 순서대로 넣어주되, 나무막대를 이용하여 내용물을 따로 섞지 않고 자연스럽게 재료들이 섞일 수 있도록 물을 천천히 붓고, 커피가 끓어오르면서 거품이 생기기 시작하면 잠시 불에서 이브릭을 내려놓고 끓어 올라온 거품을 숟가락으로 잔에 떠 넣어서 커피를 완성했다. 자신의 레시피에는 카다멈Cardamom이라는 향신료를 넣는다고 하는데 그냥 커피와는 다른 특별한 맛을 느낄 수 있다고 한다.

필터 사용하기

커피가루가 너무 텁텁해서 마시기 어렵다면 종이 필터나 융 필터를 이용해 커피가루를 걸러내보자. 커피가루를 거르는 데 시간이 오래 걸리긴 하지만 훨씬 깔끔한 커피를 즐길 수 있다.

입 헹구기

다 마신 후에는 물로 가볍게 입안을 헹굴 것을 추천한다. 때때로 미세한 커피가루가 이와 잇몸 사이에 끼어 의도하지 않은 흉한 모습을 보일 수 있기 때문이다.

구입과 관리 BUY/MAINTENANCE

1 구입

[이브릭]
제조사와 재질, 용량에 따라 그 가격이 다르나 약 7만 원~10만 원이면 구입할 수 있다.

[부품]
원형걸쇠 약 2천 원~5천 원

2 관리

녹이 생기면 베이킹소다를 희석한 물을 천에 묻혀서 닦아주면 된다. 녹이 심한 경우 빙초산을 희석시켜 천에 묻힌 후 닦아주자. 빙초산은 인체에 유해하므로 피부에 용액이 닿지 않도록 조심하자.

[세척]
1. 커피 찌꺼기는 쓰레기통에 버린다.
2. 맨손 또는 부드러운 수세미를 사용해 물로 이브릭을 세척한다. 부득이하게 세제를 사용해야 할 경우 중성세제를 사용한다.
3. 세척 후 물기가 완전히 마르도록 건조시켜서 녹이 생기지 않게 한다. 마른 천으로 물기를 제거해주면 더욱 좋다.

스태프 평가 STAFF'S EVALUATION

이브릭을 사용해서 커피를 만드는 커피프로젝트 스태프 5명에게 도구에 대해 물어보았다.

사용 편의성
■■■◩☐ 3.5　커피가 끓어오르는지 눈을 부릅뜨고 있어야 한다. 순식간에 커피가 넘쳐버린다.

세척 관리
■■■☐☐ 3.1　그냥 물에 씻어서 말리면 끝이다.

재미 흥미
■■■☐☐ 3.2　커피 점을 말재주로 풀어낼 수 있다면, 원하는 이성을 몰입시킬 수 있다.

경제성
■■◩☐☐ 2.4　희소성의 원칙인지 특별한 것이 없는데, 구하기도 힘들고 가격도 비싸다.

디자인
■■◩☐☐ 2.6　가끔 달고나 국자로 오해한다.

추천 레시피 RECOMMEND RECIPE

설탕을 넣지 않고 끓여낸 터키쉬 커피를 터키쉬 딜라이트Turkish delight를 넣은 잔에 부어서 먹으면 입안에서 달콤하면서 쌉싸름한 이국적 정취가 물씬 풍겨날 것이다.

COFFEE LAB #11

새로운 원두

여행을 좋아하는가? 어디로 가는가? 만약 자주 가는 곳이 있다면 그곳은 편안함과 익숙함을 준다. 내가 무엇을 하고 느껴야 할지 안다. 처음 가는 곳으로 떠나려 할 때는 설레기도 하지만 낯섬에 대한 두려움도 있다. 새로운 곳이 마음에 들 수도 있고, 실망하고 다시는 안 가겠다고 다짐할 수도 있다. 그러나 새로운 곳이 정말 마음에 들면 그곳이 계속 생각나고 다시 그 장소를 찾게 된다. 원두를 고르는 것도 마찬가지다. 나에게 익숙한 커피는 편안함을 준다. 하지만 새로운 원두를 맛보는 것은 새로운 곳으로 여행을 떠나는 것과 같다. 여행지는 위치와 수준에 따라 비싼 비용을 들여야 하는 곳도 있고 싼 비용을 들이는 곳도 있다. 어느 곳이 더 나은지는 갔다와 봐야 한다. 비싸다고 무조건 좋은 여행지는 아니며, 싸다고 나쁜 여행지도 아니다. 여행지 한두 군데 다녀와 보고, 그것이 최고라고 이야기할 수는 없다. 다양한 여행지를 둘러보고 각각의 감흥과 여운을 느껴보고 판단해야 한다. 동시에 나에게 좋은 여행지들을 꼽을 수 있고, 나쁜 여행지들도 꼽을 수 있다. 여행을 많이 다니고 경험이 누적되면, 좋은 여행지들은 나에게 어떤 느낌을 주었는지 생각해 볼 수 있고, 나쁜 여행지들은 왜 그런지 알 수도 있다. 자주 가던 곳이 좋은 곳인 줄 알았는데, 여러 곳을 다녀보니 내 시야가 좁았다는 것을 깨달을 수도 있다. 원두를 선택한다는 것은 여행지를 택하는 것이라 생각해 보자. 어떤 사람들은 익숙한 원두를 택하는 성향일 수도 있고, 새로운 곳으로 떠나는 모험형일 수도 있지만, 맛과 시야를 넓히기 위해서는 새로운 것을 시도해 보는 것이 낫지 않겠는가. 덧붙여, 여행일지를 쓰면 보다 잘 느끼고 더 오래 기억할 수 있는 것처럼, 새로운 원두를 접하면 어떤 느낌인지, 어떤 맛인지 기록한다면 더 오래 그 기억을 간직할 수 있다.

도구종합평가

1 모카포트

가격	2만 원에서 10만 원대까지 재질·용량·브랜드별로 다름.
커피 농도	진한 커피(에스프레소)
도구 사용 난이도	처음 한두 번만 사용법을 배우면 실패할 확률이 거의 없다.
코멘트/추천	가장 저렴한 방법으로 에스프레소를 뽑는 도구. 머신에서 나오는 완벽한 에스프레소는 기대할 수 없지만, 도구 가격과 노력 대비 괜찮은 에스프레소를 얻을 수 있다. 집에서 에스프레소나 에스프레소 베리에이션 음료를 만들어 먹고 싶을 때 적합한 도구다.

2 에스프로프레스

가격	3만 원에서 19만 원대까지 용량·디자인·브랜드별로 다름.
커피 농도	진한 커피
도구 사용 난이도	커피 분쇄도와 시간만 지키면 간단하다.
코멘트/추천	커피 본연의 맛을 낼 수 있는 도구. 진한 향기와 바디감을 느낄 수 있다. 사용법도 매우 간단하고 관리하기도 편하다. 단, 추출 후 커피에 커피 가루가 섞여 나오니 깔끔한 커피를 원하는 사람들은 피하는 게 좋다.

3 에어로프레스

가격	5만 원대
커피 농도	추출 방법에 따라 에스프레소부터 연한 커피까지 조절 가능.
도구 사용 난이도	기본적으로 사용 방법은 쉽지만, 원하는 스타일의 커피를 만들기까지는 여러 번의 시도 가 필요하다.
코멘트/추천	1인 사용을 위한 최적화 제품. 기분에 따라 다양한 커피를 만들 수 있고, 휴대가 간편하고 가벼워 여행 파트너로도 제격이다.

4 핸드드립

가격	드리퍼 : 6천 원부터 9만 원대까지 재질·용량·브랜드별로 다름. 서버 : 1만5천 원 내외~2만5천 원 내외로 용량별로 다름. 드립포트 : 3만5천 원부터 30만 원까지. 제조사와 재질에 따라 다름.
커피 농도	중간/연한 농도의 커피
도구 사용 난이도	추출 방법 자체는 쉽지만 항상 일정한 커피를 만들기는 쉽지 않다. 어떻게 추출하느냐에 따라 맛의 편차가 크다.
코멘트/추천	추출하는 사람의 의도에 따라 다양한 맛의 변화를 줄 수 있다. 드립포트와 서버 등 도구를 다 갖추려고 한다면 비용이 많이 들지만 드리퍼와 필터만 구매해서 시작한다면 가장 저렴한 방식으로 커피에 입문할 수 있게 도와주는 도구다.

5 케맥스

가격	클래식/글래스 핸들 모델 : 7만 원~12만 원(용량별로 가격 상이) 핸드블로운 모델 : 약 20만 원~30만 원(용량별로 가격 상이) 케맥스 전용 필터 : 100매 약 2만 원
커피 농도	중간/연한 농도의 커피
도구 사용 난이도	추출 방법이 쉽고, 필터와 케맥스 도구 자체의 모양 덕분에 추출하는 사람에 따른 맛의 편차가 적다.
코멘트/추천	디자인이 훌륭하고 맛도 일정하게 낼 수 있다는 장점이 있지만, 유리라는 재질 특성상 관리에 신경 써야 한다. 약간의 비용 부담을 감수할 수 있다면 우아한 커피 라이프를 즐길 수 있다.

6 융드립

가격	필터+드리퍼 프레임+전용 서버 : 약 5~7만 원
	융 필터+드리퍼 프레임 : 약 1만5천 원
커피 농도	융 필터 : 약 1만5천 원(3개입)
도구 사용 난이도	중간/연한 농도의 커피
코멘트/추천	핸드드립으로 물줄기를 조절할 수 있다면 어렵지 않게 사용할 수 있다. 커피를 오래 즐긴 사람들이 가장 선호하는 방식이다. 종이 필터를 사용하는 핸드드립에서는 느낄 수 없는 커피오일 특유의 부드러움과 풍부한 바디감을 느끼고 싶다면 도전해 볼 만하다. 기존 핸드드립에 익숙한 사람은 새로운 커피 세계를 경험할 수 있을 것이다.

7 베트남 카페핀

가격	1인용 기준 5천 원~2만 원
커피 농도	진한 커피
도구 사용 난이도	분쇄도만 맞추면 추출은 매우 쉽다.
코멘트/추천	프렌치프레스와 마찬가지로 커피오일과 커피가루가 섞여 나와 커피 본연의 맛을 느낄 수 있는 만큼 미분으로 인한 텁텁함이 강하다. 연유나 우유, 시럽 등을 섞은 베리에이션에 적합하다. 에스프레소를 뽑을 수 없는 상황이라면 가장 좋은 대안이다.

8 더치커피

가격	점적식 더치도구는 용량과 재질, 제조사에 따라서 가격의 편차가 크다. 저용량 실속형 더치도구 : 2~4만 원 저용량 고급형 더치도구 : 10~20만 원 중용량 고급형 더치도구 : 20~40만 원 대용량 고급형 더치도구 : 50~200만 원
커피 농도	추출 방법에 따라 진한 커피부터 연한 커피까지 조절 가능
도구 사용 난이도	기본적으로 한 번에 많은 용량을 긴 시간동안 추출하는 방식이라 사전에 준비해야 할 작업이 있다. 절대적으로 긴 시간에 커피가 추출되어 다른 추출방식에 비해 변수들의 영향을 적게 받지만 초반에 추출이 잘못되었는지 확인하기 어려운 점이 있다.
코멘트/추천	대용량으로 만들어 냉장 보관이 가능하므로 매번 커피를 내리는 게 귀찮거나 바쁜 사람에게 적합하다. 뜨거운 물로 내린 커피와는 다른 맛과 향이 있어 같은 원두라도 다른 커피를 즐길 수 있다. 도구 자체가 좋은 디스플레이로 인테리어 효과로도 훌륭하다.

---

9 사이폰

가격	용량·디자인·브랜드별로 다름. 하리오 제품 기준 10만~20만 원
커피 농도	추출 방법에 따라 진한 커피부터 연한 커피까지 조절 가능
도구 사용 난이도	열원을 알코올램프로 이용하는 경우가 많아 주의가 필요하다.
코멘트/추천	커피를 끓이고 있는 상태에서 저을 때 유리에 부딪히는 것을 조심해야 하며, 커피 맛을 조절하는 변수를 익히면 의외로 다양한 커피를 즐길 수 있다. 커피를 여유롭고 느긋하게 즐기기 원하는 사람에게 안성맞춤이다. 커피를 내리는 과정이 흥미롭고 재미와 호기심을 유발하므로 새로운 사람과 혹은 대화를 나눌 때도 좋은 이야기 소재가 될 수 있다.

⑩ ROK 에스프레소 메이커

가격	20만 원대 초반
커피 농도	진한 커피(에스프레소)
도구 사용 난이도	커피 분쇄도와 예열만 주의하면 좋은 커피를 기대할 수 있다. 물론 약간의 팔 힘도 필요하다.
코멘트/추천	에스프레소 머신까지는 구매하기 힘들지만 제대로 된 에스프레소를 즐기고 싶다면 추천. 도구 자체가 멋있어 인테리어 효과도 톡톡히 누릴 수 있다. 한두 잔을 뽑는 정도까지는 괜찮지만 세 잔을 넘어가면서 시간도 오래 걸리고 힘도 많이 들어 지칠 수 있다.

---

⑪ 이브릭

가격	약 7~10만 원
커피 농도	진한 커피
도구 사용 난이도	끓어 넘치는 것만 주의한다면 사용방법 자체는 어렵지 않다.
코멘트/추천	미분이 많아 텁텁하고, 아주 진한 농도의 맛으로 아메리카노나 핸드드립에 익숙한 사람들은 적응하기 어렵다. 에스프레소를 즐기는 사람이라면 시도해 볼 만하다.

이미지 출처

25p 원두의 보관
 photo by kris krüg, from flickr
 https://goo.gl/f8Mrxp

30p 프렌치프레스
 photo by Kris Atomic, from flickr
 https://unsplash.com/photos/3b2tADGAWnU

31p 프렌치프레스
 photo by Bryan Mills, from flickr
 https://goo.gl/sEkaXl

53p 에어로프레스
 photo by Roland Tanglao, from flickr
 https://goo.gl/EJgcNW

68p 핸드드립
 photo by yoppy, from flickr
 https://goo.gl/ydd8vH

88p 케맥스
 photo by Ty Nigh, from flickr
 https://goo.gl/ycLrQL

90p 케맥스
 photo from amazon.com 'Diguo'

97p 케맥스
 photo by Yara Tucek, from flickr
 https://goo.gl/m0Y0UO

130p 베트남커피
 photo by Andrea Schaffer, from flickr
 https://goo.gl/liXU1f

157p 사이폰
 photo by Nan Palmero, from flickr
 https://goo.gl/rjAoB0

198p 이브릭
 photo from Rose Physical Therapy Group, flickr
 https://goo.gl/1PaGPu

199p 이브릭
 photo from wikipedia 'Cezve'
 https://en.wikipedia.org/wiki/Cezve

207p 이브릭
 photo by Maxpax, from flickr
 https://goo.gl/H0QKnD